Friedrich Pajeken

Am Orinoko

Dritte Auflage

Friedrich Pajeken

Am Orinoko
Dritte Auflage

ISBN/EAN: 9783744667487

Hergestellt in Europa, USA, Kanada, Australien, Japan

Cover: Foto ©ninafisch / pixelio.de

Weitere Bücher finden Sie auf **www.hansebooks.com**

Am Orinoko.

Erlebnisse und Skizzen

von

Friedrich J. Pajeken.

Dritte Auflage.

Berlin W. 57.
Richard Eckstein Nachf.
H. Krüger.

Alle Rechte vorbehalten.

Eine Reise auf dem Orinoko.
Von der Mündung bis nach Ciudad Bolivar (Angostura).

Nach einer neunundzwanzigtägigen Reise auf der alten Brigg „Angostura", deren Trümmer jetzt längst durch die Wogen des Meeres nach allen Windrichtungen zerstreut sind, ertönten endlich eines Nachmittages die ersehnten Worte: „Land in Sicht!" und nach genauer Prüfung zeigte sich wirklich am westlichen Horizont ein kaum erkennbarer, schmaler Streifen.

Endlich Land!

Eine gefahrvolle Reise lag hinter uns; das Schiffsjournal konnte davon Zeugnis ablegen, denn mit „Sturm" war das Wetter des zweiten Tages nach der Abfahrt von Bremerhaven schon darin verzeichnet, und dann folgten dreißig Tage hintereinander: „sturmartiger Wind, schwere Böen, orkanartiger Sturm" u. s. w. Ein schwerer Orkan beschloß am dreißigsten Tage dieses Unwetter, welches uns nach Norden um England bis zu dem zweiundsechzigsten Grad nördlicher Breite hinaufgetrieben hatte. Von da ab war der Wind günstig, und nach wenigen Wochen erreichten wir den Passat. Die großen, breiten Leesegel wurden nun gesetzt, und eine unveränderte östliche Brise bewegte das Schiff über das beinahe spiegelglatte, durch eine leichte Dünung wogende Meer.

Nur ein geübtes Seemannsauge vermochte Land in dem schmalen, dunklen Streifen zu erkennen, welcher dort vor uns lag, bis derselbe sich immer deutlicher vom Horizont abhob.

Auf der Back hatte ich es mir bequem gemacht, und nach etwa einer Stunde erkannte ich eine mit Palmen bewachsene Landzunge, „Punta Barina" genannt, die sich weit nach Norden in das Meer hinaus erstreckte.

Das soeben noch durchsichtig klare Wasser nahm plötzlich, wie abgeschnitten, eine dunkelgrüne und wieder nach einer Weile eine schmutziggelbe Färbung an. Der Kapitän erklärte mir, daß wir uns bereits im Flußwasser befänden; zur Zeit der Ebbe strömt dasselbe bis weit in das Meer hinaus.

Neben mir arbeiteten der Steuermann und der Bootsmann mit dem Lot. Eine Tiefe von zwölf bis fünfzehn Fuß bildet die Einfahrt in den Orinoko, und da die „Angostura" elf Fuß Tiefgang besaß, so war Vorsicht geboten. Jede Minute brachte uns dem Ufer näher. Dichte Waldungen bedeckten dasselbe, nach dem Meere hin von wogenden Schilfmassen begrenzt. Immer deutlicher bemerkte man einzelne Bäume zwischen dem dunklen Laub, und nachdem wieder etwa eine Stunde vergangen war, segelten wir in eine der vielen Mündungen des Orinoko ein.

Ein undurchdringliches Dickicht bedeckt die Ufer an beiden Seiten des Stromes, aus dem die Bäume des Urwaldes hoch emporragen. Bis weit über den Wasserspiegel strecken sie ihre mächtigen Zweige aus, von denen lange, faserige Schlinggewächse, vom Winde hin- und hergetrieben, tief herabhängen.

Eine feierliche Stille herrscht zwischen diesen riesenhaften Waldmauern, nur die Wellen plätschern leise an den Bug des Schiffes, welches sich langsam weiter bewegt.

Die frische, kühlende Luft des Meeres hat einer gewissen Schwüle Platz gemacht, und doch atmet der Mensch mit vollen Zügen die duftende, kräftige Atmosphäre ein, welche ihn auf einmal umgiebt und die wunderbar belebend auf ihn einwirkt.

Dicht an den Ufern schreiten langbeinige Flamingos im Wasser umher. Lebhaft hebt sich die hellrosa Farbe ihres Gefieders von dem dunklen Hintergrunde ab.

Vereinzelt tönt jetzt aus dem Walde das Geschrei eines Papageien oder Pfefferfressers zu uns herüber. Vielleicht hat das Schiff mit den vielen Segeln, welches in der einsamen Laubstraße leicht durch die Flut dahingleitet, die Vögel aus ihrer Ruhe aufgeschreckt, der sie sich während der heißesten Zeit des Tages hingeben.

Eine halbe Stunde mochten wir den Strom hinaufgesegelt sein, da zeigte sich an einer Biegung nahe dem Ufer ein vor Anker liegendes, abgetakeltes Fahrzeug. Als wir näher kamen, wurde es auf dem Deck desselben lebendig, und nach einer kurzen Weile stieß ein kleines Boot von dem Schiffe ab, welches rasch auf uns zusteuerte.

Von unserem Kapitän erfuhr ich, daß jenes Fahrzeug die Station der Lotsen sei, von der wir jetzt einen der Leute an Bord nehmen würden. Wegen der vielen Untiefen des Orinoko sowie der hauptsächlich auch in seinem Bette lagernden, vom Ufer losgespülten und versunkenen, gewaltigen Bäume ist ein Lotse erforderlich.

In dem Boote befanden sich fünf dunkelfarbige Männer, von denen vier halbnackt waren. Ihre Kleidung bestand aus einem kurzen Beinkleid und einem breitrandigen, von Schilf geflochtenen Hut. Der fünfte Mann war klein und dick. Er trug weiße, lange Beinkleider, ein wollenes Hemd und darüber eine Tuchjacke. Den Kopf bedeckte ein gleicher Hut wie bei den anderen Leuten.

Als man das Boot an der Seite der „Angostura" befestigt hatte, kletterte der Kleine an einer Strickleiter behende zu uns empor, und aus den Worten des Kapitäns, mit denen er den Lotsen lebhaft begrüßte, hörte ich, daß dieser ein alter Bekannter von ihm sei. Auch „Don Pedro", wie der Kleine sich nannte, freute sich ungemein, seinen Freund wiederzusehen. Der Kapitän fuhr schon viele Jahre nach Ciudad Bolivar, und oft hatte sich in dieser Zeit die Gelegenheit geboten, daß Don Pedro das Schiff den Strom hinauf oder von der Stadt nach der Mündung geleitete.

Der Lotse war ein Mann von ungefähr fünfundvierzig Jahren mit schlichtem, an den Schläfen ergrautem Haar. Lebhafte schwarze Augen blickten aus dem bartlosen, dunkelbraunen Gesichte hervor, und wenn der Mund sich zum Lächeln verzog, was häufig der Fall war, wurden zwischen den wenig aufgeworfenen Lippen schneeweiße Zähne sichtbar.

Don Pedro ging sofort an die Arbeit, das heißt, er stellte sich an der Back auf und entzündete eine Cigarre, welche der Kapitän ihm gab. Als er dieselbe in kurzer Zeit bis auf einen kleinen Rest aufgeraucht hatte, drehte er sich bedächtig um und rief mit lauter Stimme: „Nehmt de Sails weg, un lat den Anker fallen!"

Stumm vor Erstaunen starrte ich den Braunen an. Seine Kommandoworte klangen in der plattdeutschen Sprache so rein, als habe er in seinem Leben nichts anderes gesprochen. Während sich nun unsere Leute, ebenso verwundert wie ich, daran machten, die Segel einzuziehen und den Anker zu lösen, fuhr Don Pedro lachend fort: „Tau, Jungens! En bäten fix! De Arbeit sind ji woll nich mehr gewennt?!" Nach einer kurzen Weile rasselte der Anker in die Tiefe.

Don Pedro erzählte nun dem Kapitän, welcher die spanische Sprache vollkommen beherrschte, daß die Lotsen auf der Station schon seit Wochen keinen Proviant mehr besäßen, und bat, den Männern, welche ihn an Bord brachten, etwas Reis, Bohnen und Pökelfleisch zu verabreichen.

Der Kapitän sprach sofort mit dem Koch, und dieser lieferte die Sachen den Lotsen aus, welche sich dann vergnügt den Strom abwärts treiben ließen. Mir sagte der Kapitän, daß diese Bettelei an der Tagesordnung sei; von der Stadt würde für die Leute nie hinreichend gesorgt, und daher hätten die vorüberfahrenden Schiffe stets diesen Tribut zu zahlen.

Fritz, unser Schiffsjunge, trat jetzt schüchtern auf mich zu und fragte, ob die farbigen Menschen hier im Lande alle Plattdeutsch verständen.

„Natürlich!" antwortete der Kapitän schmunzelnd statt meiner. Dann flüsterte er Don Pedro einige Worte zu.

„Jung, is bat Eten all klar?" wandte sich dieser lachend an Fritz.

„Ja, Herr!" stotterte der Junge und wich scheu zurück.

„Na, denn verget be Botter ock nich!" fügte Don Pedro hinzu.

„Ne, Herr!" versetzte Fritz, indem er rasch nach der Kambüse lief. Nun war er überzeugt, daß er richtig vermutet hatte.

An den Ufern ertönte jetzt vielfaches Geschrei und Gekrächze, und überall sah man bunte Papageien von einer Seite des Flusses zur anderen fliegen.

Hinter den westlichen Urwäldern war die Sonne verschwunden, und lange, bis zum Zenit aufflammende Strahlen verkündeten ihren Untergang. Wenige Minuten darauf wurde es rasch zunehmend dunkel, und etwa fünfzehn Minuten später leuchteten tausend und abertausend Sterne vom Himmel auf uns herab.

In den Tropen kennt man keine anhaltende Dämmerung beim Aufgange und Untergange der Sonne, wie wir sie in den nördlichen Zonen gewohnt sind. Auf See war mir das nie so sehr aufgefallen wie hier zwischen den uns umgebenden Wäldern.

Das Geschrei der Vögel und anderen Tiere, welches,

je tiefer die Sonne sank, mehr und mehr zugenommen hatte, war plötzlich verstummt. Mit dem entschwundenen Tageslicht war überall eine vollständige Ruhe eingetreten.

Der Kapitän, Don Pedro und ich gingen nun in die Kajüte, wo das Abendessen für uns bereit stand.

Der Lotse speiste mit sichtlichem Behagen und entwickelte einen Appetit, als habe er seit mehreren Tagen nichts zu sich genommen. Das störte ihn jedoch nicht, sich lebhaft zu unterhalten, und dabei erfuhr ich, daß der ganze plattdeutsche Sprachschatz Don Pedros in den wenigen Worten bestand, die er vorher mit so großer Wirkung gebrauchte. Er hatte dieselben im Laufe der Jahre auf den Bremer und Hamburger Schiffen gelernt.

Nach der Mahlzeit verfügte ich mich wieder auf Deck. Die Sterne verbreiteten eine derartige Helle, daß die Ufer an beiden Seiten des Stromes, auf dessen Mitte wir vor Anker lagen, deutlich zu erkennen waren. Zwischen dem dunklen Laub schwirrten Tausende von Glühkäfern umher. Gleich Funken flogen sie, hier und dort feuriger aufleuchtend, durcheinander. Oft kamen sie bis zu uns herüber und tummelten sich im Takelwerk des Schiffes.

Bisweilen wurde die Stille durch das Schnarchen der Süßwasser-Delphine unterbrochen, welche sich während der trockenen Jahreszeit in großen Scharen im Delta des Orinoko aufhalten. Steigt in der Regenzeit das Wasser, dann ziehen die Tiere weit den Strom hinauf.

Plötzlich ertönte in der Ferne ein Geräusch wie das Rollen eines über eine Brücke fahrenden Eisenbahnzuges.

In demselben Augenblick schon war es ganz nahe im Walde, und nun vernahm ich deutlich das einförmig jammernde Geheul vieler Stimmen. Gleich darauf rollte es von neuem wie aus weiter Ferne. Es waren Brüll= affen, welche ihren nächtlichen Umzug hielten, und wohl eine halbe Stunde lang hörte man ihr Geschrei.

Da in der Kajüte jetzt eine derartig drückende Hitze herrschte, daß dort an ein Schlafen nicht zu denken war, befestigten der Kapitän und ich unsere Hängematten auf dem erhöhten Hinterdeck.

Gegen elf Uhr tauchte der Mond über die östliche Laubwand hervor, und beinahe tageshell verbreitete er sein magisches Licht, welches sich in den kräuselnden Wellen silbern glitzernd abspiegelte.

Lange vermochte ich, erregt durch die vielen, neuen Eindrücke nicht einzuschlummern; dann aber schlief ich fest die ganze Nacht. Als ich erwachte, zeigte sich am östlichen Himmel ein lichter Schein, welcher an Aus= dehnung rasch mehr und mehr zunahm, während feurige Strahlen blitzschnell daraus hervorschossen. Die Sterne erblaßten, und hell und heller wurde es mit jeder Sekunde.

Gleichzeitig erhob sich ein Kretschen, Pfeifen, Flöten, Rasseln von unzähligen Tierstimmen. Grüne, große und kleine Papageien, buntgefiederte Araras flogen mit lautem Gekrächze von einem Ufer zum anderen. Im Unterholz dicht am Wasser knackten und brachen die Zweige. Einige Nabelschweine drängten sich durch das Gestrüppe; doch als sie das Schiff erblickten, liefen sie eilig zurück.

Mehrere Affen sprangen keck von Zweig zu Zweig und schaukelten sich schreiend an den herabhängenden langen Schlinggewächsen.

Auch die Geruchsnerven verspürten eine Veränderung der Luft. Es war, als wenn dieselbe plötzlich von dem Duft vieler Tausende von Blüten geschwängert wurde.

Für einen Augenblick kräuselte eine leichte östliche Brise den Wasserspiegel, und rauschend glitt sie durch die Blätter der Bäume.

Wie mit einem Schlage war die Natur aus ihrem Schlummer erwacht, und aufjauchzend begrüßte alles den jungen Tag und die strahlend am Horizonte erscheinende Sonne.

Auch an Bord war es mittlerweile lebendig geworden. Der Kapitän stand bewundernd neben mir, und die Mannschaft schaute, über die Reling gebeugt, ebenfalls nach den bunt bewegten Ufern. Aus dem Schornstein der Kambüse wirbelte Rauch, ein Zeichen, daß der Koch sich bereits mit dem Morgenimbiß beschäftigte. Nur Don Pedro lag noch schnarchend in seiner Hängematte, und als einer der Leute, welcher bei ihm vorüberkam, ihn unvorsichtig anstieß, murmelte er einige spanische Worte durch die Zähne, schwenkte sich gewandt auf die andere Seite und schlief weiter.

Als der Koch bald darauf meldete, daß das Essen fertig sei, verfügten der Kapitän und ich uns in die Kajüte. Währenddem setzte die Mannschaft unsere beiden Boote über Bord und brachte darin Riemen und Anker in Ordnung. Mit Vergnügen hörte ich von dem Kapitän, daß er beabsichtige, in einem der Boote den Fluß hinaufzufahren und die Zeit durch die Jagd auszunutzen, bis die Brigg uns mit der gewöhnlich gegen Mittag aufkommenden Brise wieder einholen würde. Nach der Mahlzeit holten wir unsere Flinten und Jagdgeräte herbei, und fünf Minuten später stießen wir in dem kleineren Boote von unserem Schiffe ab. Zwei Leute von der Mannschaft ruderten, und der Kapitän führte das Steuer. Rasch ging es dem Ufer zu, und als wir uns in unmittelbarer Nähe desselben befanden, fuhren wir langsam stromaufwärts.

Ein Betreten des Urwaldes wäre unausführbar gewesen, denn selbst mit der Axt hätte man sich kaum einen Weg bahnen können. Jetzt erst vermochte man die ganze Undurchdringlichkeit des Unterholzes zu ermessen. Lange, strickförmige Schlinggewächse klettern und ranken vom Boden auf und klammern sich an die vorgestreckten Zweige der Bäume. Die Zwischenräume werden durch strauchartige, holzige Gewächse ausgefüllt, deren Äste, wild durcheinander geschlungen, mit dem sie überwuchernden Laub eine dichte Wand bilden.

Und immer neue Gestaltungen bietet diese Wand, welche schon durch die sie hier und dort bedeckende Blütenpracht oder durch die vielfachen buntfarbigen Schattierungen der verschiedenartigsten Blätter den Blick fesselt. Dann und wann neigt sich ein Baum aus dem Dickicht schräg über das Wasser, auf dessen Stamm langblätterige, feuerrot blühende Orchideen wuchern, und von den hohen Zweigen hängen wie ein Büschel wallender Haare, durch den leisesten Windzug hin- und herwogend, lange Wurzeln herab, welche für die daran haftenden Pflanzen aus der Luft die Feuchtigkeit saugen.

Eine halbe Stunde mochten wir den Fluß hinaufgefahren sein, als wir bei einer Biegung eine Anzahl Affen bemerkten, welche ein entsetzliches Geschrei anstimmten, als sie unserer ansichtig wurden. Sie ergriffen jedoch nicht die Flucht, sondern hüpften vor uns behende von Zweig zu Zweig und fletschten wütend ihre Zähne, als wir näher kamen. Der Kapitän schoß und eins der Tiere fiel getroffen von der Höhe herab in den Fluß. Einen Augenblick saßen die übrigen Affen wie betäubt; dann sprangen sie in langen Sätzen über die Äste davon, und gleich darauf waren sie im Dickicht verschwunden. Das arme getroffene Tier jammerte wie ein kleines Kind, als es aus dem Wasser gezogen wurde; es war kläglich anzuhören. und rasch machte ich den Qualen durch einen Schlag mit dem Kolben meiner Flinte ein Ende.

Der Anfang der Jagd war gemacht, und jetzt folgte Schuß auf Schuß. Verschiedene Papageien und ein Pfefferfresser wurden erlegt, aber nach und nach zogen sich die Tiere, durch die vielen Schüsse erschreckt, deren Echo vom jenseitigen Ufer vielfach wiederhallte, mehr und mehr zurück, und oft verging eine geraume Zeit, bis wir wieder irgend ein lebendes Wesen erblickten, das zu besitzen der Mühe wert gewesen wäre.

Immer höher stieg die Sonne am Himmel, und immer glühender sandte sie ihre Strahlen auf uns herab.

Sehr willkommen war es uns daher, als sich nach einer Weile plötzlich das Ufer teilte und wir einen schmalen Flußarm bemerkten, welcher sich im Dickicht verlor. Der Kapitän steuerte darauf zu, um die ersehnte Kühlung unter dem schattigen Laubdach zu suchen, das sich dicht über unseren Häuptern wölbte und kaum das Tageslicht durchließ.

Von ein paar kräftigen Ruderschlägen angetrieben, schoß das Boot schnell auf der schmalen Wasserstraße dahin; dann ließen die beiden Männer ermattet die Riemen sinken, und erleichtert atmeten wir auf in der frischen, feuchten Luft, die uns jetzt umgab.

Aber nur einen Augenblick sollte die Freude dauern, denn auf einmal schwirrte und summte es um uns her, und im Gesicht und auf den Händen fühlten wir schmerzhafte Stiche. Immer heftiger wurden wir von den Stechfliegen und Moskitos angegriffen. Kein Umsichschlagen und Tücherschwenken half dagegen, zu Tausenden drangen die Tiere auf uns ein. Vor uns zeigte sich eine lichte Oeffnung. „Rudert vorwärts!" rief der Kapitän. Schon hatten die Leute ihre Riemen wieder zur Hand genommen, und rasch bewegten wir uns weiter, von den stechenden Insekten verfolgt.

Endlich zerteilte sich das Dickicht, und blendend leuchtete uns die glühende Sonne von neuem entgegen.

Wir befanden uns auf einer jener von dichtem Wald begrenzten, mit Schilf und Blättern bewachsenen Lagunen, wie sie in der Nähe des Orinoko, mit diesem durch kleine Flußarme verbunden, häufig vorkommen.

Das eben noch so ruhige Wasser bewegte sich plötzlich überall, und an verschiedenen Stellen sah man dunkle

Körper unter der Oberfläche verschwinden. Gleichzeitig rauschte das Schilf an den Ufern und eine Anzahl langbeiniger weißer Reiher flog krächzend davon.

Die Wärme schien hier noch stärker zu sein als vorher auf dem Flusse. Drückend und bleischwer war die Luft, und, nach Atem ringend, hatte man das Gefühl, als solle man ersticken in dieser dicken, dunstgeschwängerten Atmosphäre.

Hier und dort tauchten die dunklen Körper von neuem auf; aber ebenso rasch waren sie wieder verschwunden.

Hinter einer großblätterigen Pflanze in der Nähe des Ufers bemerkte ich einen schwarzen Gegenstand, welcher sich kaum sichtbar rührte. Ich konnte es nicht unterlassen, darauf zu schießen. Sobald sich der Schuß entladen hatte, zeigte sich an der Stelle, wo die Schrotkörner eingeschlagen waren, der knorpelige Schwanz eines Krokodils, und nun kam die Oberfläche der Lagune in eine sturmartige Bewegung. Unser Boot schwankte und erhielt Stöße von den fliehenden Krokodilen, deren breite Rücken hier und dort sichtbar wurden.

Ängstlich klammerten sich unsere beiden Leute an die Bank des Bootes, und aufrichtig gesagt, befand ich mich ebenfalls nicht sehr behaglich mitten unter diesen aus ihrer Ruhe aufgescheuchten, wild gewordenen Tieren.

Der Kapitän schien meine Gefühle zu teilen, denn er befahl, umzukehren, und haftig ruderten die Leute den Weg zurück, welchen wir gekommen waren.

Obgleich wir eilig durch das Dickicht fuhren, machten die Insekten einen neuen Angriff auf uns, und nicht früher ließen sie von uns ab, bis wir das breite Flußbett des Orinnko wieder erreicht hatten.

Noch immer regte sich kein Luftzug. Die „Angostura" war daher noch nicht zu erwarten, und von neuem ging es stromaufwärts.

Doch die rechte Lust an der Jagd war uns vergangen. Die Stechfliegen und die Moskitos hatten uns übel zugerichtet; wir verspürten ein heftiges Jucken im Gesicht und an den Händen, und dabei nahm die Hitze mit jeder Minute zu. Wir schauten daher nach einem Platze aus, wo wir, wenigstens etwas gegen die brennenden Strahlen der Sonne geschützt, ankern und die Ankunft unserer Brigg erwarten konnten.

Hinter einem Uservorsprung, welcher durch mächtige schwarze, von Schlingpflanzen überwucherte Felsblöcke gebildet wurde, bot sich dazu Gelegenheit. Ein alter Baumstamm lag zwischen den Steinen, und über seine weit ausgestreckten Äste breiteten sich großblätterige Gewächse aus, welche uns hinreichenden Schatten gaben.

Die Sonne hatte beinahe ihren höchsten Punkt erreicht, und funkelnd glitzerten und flimmerten ihre Strahlen in den kleinen Wellen des majestätischen Stromes, auf dem sich jetzt endlich eine schwache Brise bemerkbar machte.

Auf den Felsblöcken lagen unbeweglich nicht weit von uns ein paar grünschillernde, dickschuppige Iguanen (große Eidechsen). Den Kopf erhoben und den Mund weit geöffnet, schienen sie mit Behagen die heiße Luft einzuatmen. Nirgends zeigte sich ein Vogel. Auch sie hatten unter dem Laub der Bäume Schutz gesucht gegen die glühende Hitze.

Kein Laut regte sich, und dennoch war diese Stille der Natur nur scheinbar. Dicht über dem Wasser, im Strauchwerk, in der gespaltenen Rinde des Baumes, in der gelockerten Erde zwischen den Steinen, überall regte sich hörbar das Leben. Unaufhaltsam ertönte ein leises Summen, Schwirren und Singen der auch jetzt während der heißen Tagesglut, welche die Menschen ermattete, die größeren Tiere in das Dickicht und die Vögel unter das Laub der Bäume trieb, emsig thätigen Insektenwelt.

Nach und nach wurde die Brise stärker, aber nur wenig minderte sie die große Wärme.

Wohl eine Stunde lagen wir hinter dem Ufervorsprung, da kam endlich die „Angostura" in der grünen Laubstraße daher; langsam, mit vollen Segeln glitt sie durch die Flut. Als sie nicht mehr weit von uns entfernt war, griffen unsere Leute zu den Riemen, und kurze Zeit darauf befanden wir uns an Bord. Die Papageien wurden dem Koch übergeben, der dieselben für das Mittagsmahl braten sollte, und Affe und Pfefferfresser wanderten in die Hände des Zimmermanns, welcher den Tieren die Haut abzog und diese zum Ausstopfen präparierte.

Wir hatten soeben unsere Mittagsmahlzeit beendet, als mir der Steuermann meldete, daß wir uns in wenigen Minuten bei einem kleinen Dorfe befinden würden. Rasch eilte ich an Deck, um mir dieses neue Bild nicht entgehen zu lassen.

An der linken Seite des Flusses auf einer Strecke

urbar gemachten Landes standen etwa zwanzig niedrige Häuser, deren schräge Dächer mit Palmblättern bedeckt waren. Dicht gedrängt wuchsen zwischen und hinter den Häusern viele Kokospalmen, über die hier und dort die Bäume des nahen Waldes hervorragten. Am Fuße des hohen, zum Teil felsigen Ufers befand sich eine breite Sandbank, (Playa), an der mehrere große und kleine Kanoes (Curiaras) lagen. Das Dorf, Guatapana genannt, wie mir Don Pedro mitteilte, schien wie ausgestorben; als der Lotse, beide Hände an den Mund gelegt, einen lauten Schrei ausgestoßen hatte, kamen eiligen Laufens aus einer der Hütten drei dunkle Gestalten, und auch vor den anderen Häusern wurde es lebendig. Deutlich klang Hundegebell zu uns herüber. Einen Augenblick später löste sich eines der Curiaras vom Lande, und pfeilschnell schoß es durch das Wasser auf uns zu. In wenigen Minuten befand es sich bereits in unserer Nähe.

In dem schwankenden, aus einem ausgehöhlten Baumstamm hergestellten Fahrzeuge saßen zwei Mädchen von etwa zehn bis elf Jahren und ein Knabe. Geschickt gebrauchten sie ihre kurzen, schaufelförmigen Ruder, welche sie in gleichmäßigem Takt dicht an den Seiten der Curiara in das Wasser tauchten.

Die drei Kinder, welche an einem ihnen von dem Steuermann zugeworfenen Tau ihr Fahrzeug befestigten, trugen als einzige Bekleidung einen unter einer um die Hüften gebundenen Schnur und zwischen den Beinen durchgezogenen, schmalen, blauen Tuchstreifen (Guayoco). Ihre Haut war hellbraun, doch nur bei dem Knaben zu erkennen, da sich die Mädchen den schon beinahe vollständig entwickelten Körper mit einem roten Farbstoff (Onoto) bemalt hatten. Ihr an der Stirn gerade abgeschnittenes Haar hing ihnen bis weit über die Schultern herab und sahen sie mit ihren großen, dunklen Augen, dem Stumpfnäschen und den zwischen den schwellenden Lippen hervorleuchtenden schneeweißen Zähnen durchaus nicht häßlich aus. Während ihre Gestalt schlank war, verunzierte den Körper des Knaben ein dicker Leib.

Diese Dickleibigkeit findet man bei den Kindern der Indianer und niederen Volksklassen in Venezuela sehr häufig. Sie rührt von einer der Hauptnahrungen, dem Cassabe her; es ist dieses eine Art Brot, das von der Jucawurzel bereitet wird.

In der Curiara lagen Kokosnüsse, Bananen, Mangos und andere Früchte, welche die Mädchen gegen Reis, Pökelfleisch und dergleichen eintauschen wollten, und bald waren sie auch mit dem Kapitän handelseinig. Sie baten dann, zu uns heraufkommen zu dürfen, und als ihnen die Erlaubnis erteilt wurde, kletterten sie behende an einer an der Seite der Brigg herabhängenden Strickleiter empor. Langsam folgte ihnen der Knabe.

Alle drei schienen noch niemals an Bord eines Schiffes gewesen zu sein, denn scheu blickten sie umher, und nur zögernd schritten sie von einem Platz zum anderen weiter.

Der wiederholten Aufforderung, in die Kajüte einzutreten, kamen sie schließlich nach. Die Thüren, die Lampe, der Kompaß, das Einfallicht, alles erregte dort ihre höchste Verwunderung. Hauptsächlich aber war es der große Spiegel, welchen sie mit Erstaunen betrachteten;

als Don Pedro sie vor denselben hinstellte und sie in dem Glase ihre eigenen Gestalten erblickten, begannen sie laut zu lachen, und ihre Heiterkeit kannte keine Grenzen.

Ich schenkte jedem der Mädchen eine rote Perlkette. Kaum hatte ich ihnen dieselbe um den Hals gelegt, so liefen sie von neuem vor den Spiegel, und eifrig drehten und wendeten sie ihre geschmeidigen Glieder, um den Schmuck an ihrem Körper von allen Seiten betrachten zu können. Selbst bei diesen Kindern der Wildnis zeigte sich die Eitelkeit. Der Knabe erhielt eine kleine Pfeife von mir, und als unsere drei Gäste bald darauf wieder ihrem Dorfe zuruderten und schon weit von unserem Schiffe entfernt waren, hörte man noch immer die schrillen Töne dieses Instrumentes.

Im Flußbett zeigten sich jetzt vereinzelt mächtige Felsblöcke, welche zum Teil hoch aus dem Wasser hervorragten, und nun verließ Don Pedro seinen Posten auf der Back kaum noch. Oft hörte man sein „backbord" und „stürbord" dem Mann am Steuer zurufen. Ich hatte mich wieder in die Hängematte gelegt, und behaglich eine Cigarre rauchend, ließ ich die wechselnden Bilder an mir vorüberziehen.

Nach der Abendmahlzeit wurden die Segel eingeholt und wieder rasselte der Anker in die Tiefe. Während der letzten Stunde hatten wir uns kaum noch vom Platze bewegt, so schwach war die Brise geworden. Dann verschwand die Sonne und sehr bald leuchteten abermals hell die Sterne auf uns herab, unter denen mir heute besonders strahlend das Sternbild des südlichen Kreuzes erschien.

Auf einmal ließ sich ein fernes Brausen und Rauschen vernehmen, welches näher und näher kam. Einen Augenblick später raste ein Sturm über uns hinweg, wie wir ihn auf See im fernen Norden erlebten. Heulend und pfeifend strich er durch das Takelwerk. Zischend peitschten die Wogen an die Planken des Schiffes, welches auf dem jetzt wildbewegten Strome auf und nieder zu schaukeln begann. Brausend jagte der Sturm, dessen Heftigkeit immer mehr zunahm, durch den Wald, und laut hörte man das Ächzen und Stöhnen der Bäume. Unsere Mannschaft versammelte sich an der Back, um sofort im Falle der Gefahr am Platze zu sein, denn mit dröhnendem Getöse schlug gegen den Bug des Schiffes die Ankerkette, und es war zu befürchten, daß sie der Gewalt weichen und brechen könnte.

Etwa eine halbe Stunde tobte der Sturm, dann ließ er plötzlich nach, und gleich darauf wurde es wieder windstill.

In der trockenen Jahreszeit stellen sich diese kurz andauernden Stürme (chuvascos) sehr häufig nach Sonnenuntergang ein. Sie bringen labende Kühlung nach dem heißen Tage und sind den Bewohnern des Landes sehr willkommen.

In der nun folgenden Nacht waren es nicht allein die Stimmen der Brüllaffen und übrigen Tiere des Waldes, welche mich aus meinem Schlummer weckten. Auch die Moskitos machten sich bemerkbar und belästigten mich in einer unverschämten Weise. Als ich am Morgen erwachte, mußten mich jedoch noch giftigere Insekten gestochen haben, denn mein linkes Auge war vollständig geschlossen und meine rechte Hand derartig geschwollen, daß es mir unmöglich wurde, die Finger zu krümmen.

Kalte Wasserumschläge brachten die Verletzungen im Laufe des Tages wieder in Ordnung; aber noch bis zum Abend fühlte ich heftige Schmerzen an der Hand und im Auge.

Schon um vier Uhr des Nachmittags schwächte der Wind bedeutend ab. Der Fluß beschrieb einen Bogen nach Nordosten, und nachdem wir noch eine kurze Strecke zurückgelegt hatten, wehte uns eine leichte Brise entgegen. Don Pedro befahl sogleich zu ankern und die Segel fortzunehmen.

Wir waren an einer Stelle im Orinoko angelangt, wo die Schiffe in der Regenzeit, wenn der Strom mit reißender Schnelle sein Wasser dem Meere zutreibt, oft dreißig und noch mehr Tage liegen müssen.

Der Urwald ist hier ungemein hoch und das Fahrwasser befindet sich dicht am Ufer an der nordöstlichen Seite des Flusses. Der Wind, welcher beinahe während des ganzen Jahres östlich und nordöstlich ist, füllt daher nur die oberen Rahsegel, wenn er nicht dem Schiffe entgegenkommt, da der Lauf des Orinoko hier eine Richtung von Nordosten nach Südwesten einschlägt. Außerdem halten sich in dieser Bucht eine Unmenge von Moskitos auf, welche nach Sonnenuntergang über die hier zum Stillliegen verurteilten Menschen, zu denen nun auch wir gehörten, herfallen und ihnen keinen Augenblick Ruhe gönnen. Man gab diesem Teil des Flusses daher wohl nicht umsonst den Namen „El hueco del diablo" (das Teufelsloch).

Ich flüchtete in die Kajüte, um dieselbe sofort wieder zu verlassen. Dort schwärmten die Moskitos, von dem Licht der Lampe angelockt, in großen Haufen, und außerdem zeigte das Thermometer fünfunddreißig Grad Wärme Reaumur. Wie sehnte ich heute den Sturm herbei, welcher am Abend vorher so plötzlich über uns hereinbrach. Aber kein Luftzug regte sich, und immer lauter wimmerten und summten die Quälgeister, welche einen Menschen zur Verzweiflung bringen können.

Das einzige Mittel, um die Insekten zu verscheuchen, sei Petroleum, teilte mir der Koch mit. Ich bekämpfte daher meinen Widerwillen, den ich von jeher gegen den Geruch von Petroleum gehabt habe, und ließ mir gleich einigen anderen Gesicht und Hände anstreichen. Und richtig, die Stiche blieben aus.

Frohen Herzens wanderte ich nach dem Hinterdeck und legte mich in meine Hängematte. Der Kapitän hatte über die seinige ein Moskitonetz gezogen, welches bis auf die Erde herabreichte. Darunter verborgen, sprach er sein Bedauern aus, mir nicht auch mit derartigem Schutz dienen zu können. Ich dankte ihm freundlich für seinen guten Willen und versicherte, daß ich jetzt ganz zufrieden sei, nachdem ich das Mittel der Leute gegen die lästigen Tiere angewandt habe.

Zwei Minuten hatte ich wirklich Ruhe, dann begann die Plage von neuem und, wie mir schien, ärger als vorher. Ich zündete mir eine frische Cigarre an und begann, die Hände in den Hosentaschen, wieder meine Wanderung.

An der Back stand Don Pedro. Er bat mich, ihm

behilflich zu sein, und während er den Überzug eines Federkissens öffnete und hineinstieg, ersuchte er mich, denselben über seinem Kopfe zusammenzubinden. Nachdem ich seiner Bitte nachgekommen war, streckte er sich in diesem Sack auf den Boden aus, bettete sein Haupt auf einige Taue und wünschte mir eine gute Nacht.

Wieder belebte mich neue Hoffnung. Nach vielem Umhersuchen fand sich ein ähnlicher Überzug, wie ihn der Lotse besaß. Damit ging ich nach dem Hinterdeck. Fritz begleitete mich. Er leistete mir denselben Dienst, wie ich vorher Don Pedro, und als ich mich niedergelegt hatte, rief ich dem Schiffsjungen, welcher sich eilig wieder entfernte, „eine angenehme Ruhe" nach.

Nur bisweilen, wenn ich meine Hände dem mich umgebenden Stoff zu nahe brachte, fühlte ich jetzt die Stiche; aber dafür verspürte ich schon nach kurzer Zeit eine unangenehme Wärme, welche immer drückender wurde. Bald war ich in Schweiß gebadet, und in dicken Perlen tropfte mir das Wasser von der Stirn. Nach etwa einer halben Stunde war ich fest überzeugt, daß ich, ohne zu ersticken, nicht eine Minute länger in dieser Umhüllung bleiben konnte. Aber wie sollte ich aus derselben entschlüpfen? Fritz hatte es an Bord zu gut gelernt, einen regelrechten Knoten zu schlagen. Rufen wollte ich nicht. Ich drängte daher so lange, bis der Stoff zerriß, und aufatmend genoß ich in langen Zügen die frische, kühle Luft.

Was habe ich in jener Nacht alles begonnen, um den blutgierigen Insekten zu entgehen! Ich stieg bis in den zweiten Mastkorb hinauf — die Tiere folgten mir.

Ich benetzte anhaltend Gesicht und Hände mit Wasser — es half nichts, die Moskitos stachen trotzdem. Ich griff noch einmal zum Petroleum — es hatte denselben Erfolg wie vorher. Genug, ich that was ich vermochte — alles, alles war vergeblich! Wie es mir möglich war, so viele Stunden die Plage auszuhalten, ohne vollständig zu verzweifeln, ich weiß es nicht; aber eins erinnere ich mich: daß ich dem jungen Morgen entgegenjubelte wie um mich her die Vögel und wilden Tiere des Waldes, denn mit dem erwachenden Tage zogen sich die Insekten in ihre Schlupfwinkel zurück, und als die Sonne ihre ersten Strahlen durch die Gipfel der Bäume warf, war kein Moskito mehr auf dem ganzen Deck zu sehen.

Aber wie sah es in der Kajüte aus! Das Tageslicht vermochte nicht durch das Skylight einzubringen, denn dasselbe war dicht gedrängt voll Insekten, welche vergeblich einen Ausweg suchten. Der Kapitän ließ ein Becken mit glühenden Kohlen, auf die Wachholderbeeren gestreut wurden, in die Kajüte bringen und die Thüren verschließen. Als wir nach einer Weile den Raum wieder betraten, leuchtete die Sonne durch das Einfalllicht. Das Fenster war frei, aber den Fußboden bedeckten zollhoch tote Moskitos. Mit einem Besen wurden dieselben zusammengefegt und haufenweise über Bord geworfen.

Für die Mannschaft begann jetzt eine Arbeit, um die ich sie nicht beneidet habe. Acht Leute stiegen in das große Boot, welches durch eine starke Trosse mit der „Angostura" verbunden wurde. Dann legten sich die Männer in die Riemen und zogen, scharf rudernd, die Brigg hinter sich her.

Nur kaum merkbar bewegten wir uns vorwärts, und drei Stunden vergingen, bis wir das Ende des Teufelsloches erreichten. Wieder beschrieb hier der Fluß, von Westen kommend, einen starken Bogen.

Eine leichte östliche Brise machte es unnötig, noch einmal zu ankern. Die Leute kamen an Bord und halfen der übrigen Mannschaft die Segel zu setzen. Nun ging es rascher weiter, denn bald wurde der Wind stärker, und gegen Mittag wehte es frisch.

Gegen zwei Uhr bemerkten wir ein Schiff, das den Strom abwärts kreuzte. Unser Kapitän erkannte in demselben sofort die „Donna Zoyla", einen Hamburger Schoner, den ein ihm befreundeter Kapitän kommandierte.

Als das Schiff näher kam, begrüßten sich die beiden Freunde; dann rief der Kapitän des Schoners herüber: „Wo deep geit din Schipp?"

„Olben Fot!" antwortete unser Kapitän.

„Dann sitzt du glieks fast!"

Und richtig! Kaum waren die Worte ausgerufen da ertönte unter unserer Brigg ein unheimliches Schurren und Scheuern, und gleich darauf wurden wir auf Deck unsanft von unserem Platz gestoßen. Die „Angostura" saß wie angenagelt.

Unser Kapitän war darüber im höchsten Grade ärgerlich, und sein ganzer Zorn ergoß sich auf den Lotsen. Ruhig ließ dieser ihn ausreden, dann erwiderte er gelassen: „Wenn hier nicht mehr wie zehn Fuß Wasser sind, kann ich unmöglich elfundeinhalb daraus machen."

Don Pedro hatte recht! Er tröstete jedoch den

Kapitän, indem er ihm mitteilte, daß die Flut uns in wenigen Stunden schon über die Isabel con el rabo (geschwänzte Isabelle), wie er diese Stelle nannte, bringen würde.

Der Fluß war hier ungeheuer breit, etwa 4000 Meter. Ueberall lagen Sandbänke, aus denen einzelne schwarze Felsblöcke hervorsahen.

An der südwestlichen Seite des Flusses lichtete sich der Urwald und gestattete einen Blick in das Land. Weite Grasflächen, mit einzelnen Büschen und Bäumen bewachsen, lagen dort, und in blauer Ferne zeigten sich langgedehnte Höhenzüge. Im Norden reichte der Wald zwar bis unmittelbar an das Ufer, doch fehlte hier das undurchdringliche Unterholz. Erst tief im Walde zwischen dicken Stämmen und knorrigen Wurzeln hindurch sah man Gestrüppe.

Etwa zwei Stunden dauerte unser unfreiwilliger Aufenthalt, dann bewegte sich die „Angostura" von neuem, und glücklich kamen wir über die „geschwänzte Isabelle" hinweg.

Der Wind hielt länger an als an den vorherigen Tagen, und da das Fahrwasser jetzt wieder weniger gefährlich war, schien Don Pedro das Versäumte nachholen zu wollen. Lange nach Sonnenuntergang gab er Befehl, den Anker fallen zu lassen. Als derselbe in die Tiefe rasselte, klang Hundegebell vom Ufer zu uns herüber, doch war es zu dunkel, um dort irgend etwas zu erkennen.

Da ich in der letzten Nacht nicht geschlafen hatte, suchte ich bald mein Lager auf, und wenn sich auch die

Moskitos bisweilen fühlbar machten, störten sie meine Ruhe doch nicht gänzlich.

Als ich am anderen Morgen frisch gestärkt erwachte, war es bereits heller Tag. Meinen Blick fesselte zuerst eine am linken, hohen Ufer im grünen Laub halb versteckte größere Hütte. Verschiedene dunkle Gestalten standen vor derselben und schauten nach unserem Schiffe. Jetzt bemerkte ich auch einige Hunde, die unten am Wasser auf- und niederliefen.

Es wurde lebhaft der Wunsch in mir rege, jenes Haus mit seinen Bewohnern in der Nähe zu betrachten, und ich konnte es nicht unterlassen, unserem Kapitän denselben auszusprechen, als wir den Morgenimbiß verzehrten.

Sofort war er bereit, meine Bitte zu erfüllen, und mit etwas Proviant versehen, welchen wir gegen Früchte oder dergleichen einzutauschen gedachten, ruderten wir eine kurze Weile darauf nach dem Ufer.

Ich war der erste, welcher, dort angelangt, aus dem Boote sprang. Nach langer Zeit fühlte ich mit einem sonderbaren Behagen wieder Land unter meinen Füßen.

Zwischen Felsen, langem Gras und Schlinggewächsen kletterten wir an dem steilen Ufer hinauf, wo wir von dem wütenden Gebell der Hunde empfangen wurden. Rasch beugte ich mich zur Erde nieder, als wollte ich einen Stein aufnehmen. Das wirkte auf diese Tiere gerade so wie auf ihre Kollegen an unseren Landstraßen. Sie nahmen Reißaus, und erst in respektvoller Entfernung begannen sie von neuem ihr Gebell.

Langsam schritten wir dem Hause zu. Auf zehn in

die Erde gepflanzten Pfählen ruhte ein schräges Dach aus Palmblättern, unter dem an der einen Seite vier Pfähle im Quadrat durch eine aus Geflecht und Lehm hergestellte Wand verbunden waren. Eine schmale Öffnung führte in das Innere dieses kleinen Raumes. In dem freien Teil des Hauses hingen zwei aus Palmenfasern geflochtene Hängematten (Chinchorros), derjenigen ähnlich, welche unser Lotse besaß. Große und kleine Totumas (aus einer kürbisartigen Frucht verfertigte Schalen), welche mit Mais, Kaffee und Frijoles (kleine weiße Bohnen) gefüllt waren, standen auf einem Bort von dünnen Bambusstäben, an der einen Wand des abgeschlossenen Raumes. Ein etwa zwei Meter langer Bogen und Pfeile von fast gleicher Länge hingen an einem der Pfähle. Auf dem Boden lagen neben ein paar alten wollenen Decken verschiedene Fischreste, um die sich eine Anzahl Hühner gackernd und schreiend stritten.

Nicht weit von dem Hause waren ein Mann und ein Weib an einem Feuer beschäftigt. Bei ihnen lag auf einer Bastmatte ein kleines, jämmerlich weinendes Wesen von kaum einem Monat. Fünf Kinder im Alter von zwei bis sieben Jahren erhoben sich von der Erde, als wir näher traten, und glotzten uns mit ihren großen Augen verwundert an.

Die ganze Familie war nackend, nur das Weib hatte ein rotes, schmutziges Tuch um die Lenden geschlagen, und der Mann trug den schon beschriebenen Schamschurz „Guayuco". Ein breitrandiger, aus Holzspänen geflochtener Hut saß auf seinem, mit glatten, schwarzen Haaren bedeckten Kopfe. Alle hatten eine graubraune Hautfarbe, wie sie den Zambos (Mischlingen von Negern und Indianern) eigen ist. Schon in der Gesichtsbildung ließ sich mehr oder weniger die Abstammung von den Negern erkennen. Die Backenknochen traten besonders bei dem Manne stark hervor; die Nase war kurz und rund um die Lippen aufgeworfen. Nur bei dem ältesten der Kinder, einem Mädchen, hatte das Gesicht eine ganz andere Form und konnte beinahe hübsch genannt werden; auch war ihr wohlgebauter Körper nicht so mager wie bei den übrigen Kindern.

Während diese scheu vor uns zurückwichen, kam die Kleine lächelnd auf uns zu und reichte uns die Hand. Der Kapitän redete das Mädchen spanisch an; doch schien sie ihn nicht zu verstehen, denn sie schüttelte lachend den Kopf. Ich nahm nun eine Perlenkette hervor, von denen ich mir einige aus Deutschland mitgebracht hatte, und reichte sie dem Mädchen. Ihre großen, mandelförmigen Augen strahlten vor Vergnügen, und als sie der Frau das Geschenk zeigte, wandte sich diese nach mir um und nickte mir freundlich zu. Während sie den immer stärker jammernden Säugling von der Matte nahm und an die Brust legte, erhob sich der Mann vom Feuer und fragte den Kapitän in fertigem Spanisch nach seinen Wünschen. Meine Gabe an seine Tochter schien ihn freundschaftlich gestimmt und ihm die Zunge gelöst zu haben, denn als er hörte, daß wir für unseren Proviant Früchte eintauschen wollten, führte er den Kapitän sofort zu einigen Bananenpflanzen, von denen eine beträchtliche Anzahl vor und an der einen Seite des Hauses wuchs. Mit

einem Machete (einem Messer von etwa einem Meter
Länge) schlug er drei große Fruchtbündel ab, an welchen
fünfzig bis sechzig Bananen traubenartig an einem
Stengel herabhingen. Dann brachte er dieselben nach
unserem Boot und nahm dort den Proviant in Empfang.

Ich sah mich mittlerweile bei dem Hause um. Rechts
von demselben ragten dicke, säulenförmige Kaktushecken
wohl sieben bis acht Meter hoch empor. Hinter dem
Hause lag eine zum Teil mit Gras bewachsene Fläche,
auf der neben einem großen, mit Früchten beladenen
Mangobaume viele Kokospalmen standen. Die Fläche
war von dichtem Urwald umgrenzt, dessen Untergrund am
Rande desselben von großblätterigen, hier und dort
palmartigen Farnen bedeckt wurde. Gelb, rot und blau
blühende Rankengewächse umschlangen die Stämme der
Bäume. Mächtige Äste streckten sich weit aus dem Walde
hervor. Eine Anzahl langer, sackförmiger Vogelnester
hing daran.

Das Mädchen, welches ich vorher beschenkt hatte,
war mir gefolgt. Aufmerksam beobachtete die Kleine
meine Blicke. Plötzlich, als habe sie meine Gedanken
erraten, sprang sie in das Dickicht, und gleich darauf sah
ich die schlanke, dunkle Gestalt zwischen dem grünen Laub
mit affenartiger Geschwindigkeit an einem der Stämme
hinaufklimmen. Behende schwang sich das Mädchen dann
in der Höhe von Ast zu Ast, und eine kurze Weile nachher
kam sie mit zwei Vogelnestern wieder herab, welche sie
mir lächelnd überreichte.

Jetzt erschallte lautes Rufen vom Flusse her, und
als ich vor das Haus eilte und nach unserem Schiffe

schaute, war die Mannschaft damit beschäftigt, die Segel zu setzen. Eine leichte Brise kräuselte die Oberfläche des Wassers.

Rasch nahmen der Kapitän und ich Abschied von der Familie, und von den bellenden Hunden bis an unser Boot verfolgt, ruderten wir wieder an Bord, worauf der Anker gelichtet wurde und es von neuem weiter den Strom hinauf ging.

Ohne große Abwechselung während des ganzen Tages waren die Ufer mit dichtem Wald bedeckt. Bisweilen theilte sich der Fluß, welcher dem Meere in verschiedenen Armen zuströmt, doch sind dieselben alle mehr oder weniger so flach, daß sie von größeren Segelschiffen nicht benutzt werden können. Nur den nördlichen Arm befahren die Dampfer, welche zweimal im Monat die Post von Trinidad nach Ciudad Bolivar bringen.

Am Nachmittag legte eine große Curiara an die Seite unseres Schiffes. In demselben befanden sich ein Indianer mit seinem Weibe und 4 Kindern, zwei Knaben und zwei Mädchen im Alter von etwa 6 bis 12 Jahren. Der Mann trug einen Guayuco, bei dem Weibe und den Kindern fehlte auch dieses letzte Kleidungsstück; doch waren der Hals, sowie die Hand- und Fußgelenke der Frau und der beiden Mädchen mit Bändern geschmückt, welche kleine blaue und weiße, dicht neben einander befestigte Glasperlen bedeckten. Die Farbe der Haut war hellbraun, und der ganze Körper glänzte, als sei er mit Fett eingerieben. Lange schwarze Haare, auf der Stirn gerade abgeschnitten, hingen, in der Mitte des Kopfes gescheitelt, nach beiden Seiten herab.

Der kräftig gebaute Mann kam an Bord, nachdem er seine Curiara an der Brigg befestigt hatte. Da er der spanischen Sprache nicht mächtig war, verdolmetschte Don Pedro seine Worte. Der Indianer wünschte einige größere Fische zu vertauschen, und bereitwillig gab ihm der Kapitän etwas Proviant dafür. Als ich eine Anzahl Schiffszwiebäcke in die Curiara warf, fielen das Weib und die Kinder hungrig darüber her, verzehrten sie gierig, aber mit sichtlichem Behagen.

In dem Fahrzeug bemerkte ich einen Bogen und Pfeile, und da ich begierig war, den Indianer diese Waffe gebrauchen zu sehen, bat ich den Lotsen, meinen Wunsch dem Manne auszusprechen. Sofort holte dieser den Bogen und die Pfeile herbei. Don Pedro bezeichnete mit einem Stück Kreide einen Punkt wie eine Handfläche groß vor dem erhöhten Hinterdeck auf den Boden. Der Indianer machte uns ein Zeichen, zurückzutreten, und in einer Entfernung von etwa 20 Schritt von dem Ziel, welches ihm der Lotse angegeben hatte, stellte er sich in der Nähe der Back auf. Langsam legte er den Pfeil an die Sehne, zweimal zog er diese leicht an, dann schnellte plötzlich der Pfeil in die Höhe, beschrieb einen kurzen Bogen und traf, von oben herabfallend, genau in den weißen Punkt.

In dieser Weise schießen die Indianer Fische und Schildkröten, welche sie niemals treffen würden, wenn sie den Pfeil in gerader Linie auf ihre Beute richteten.

Don Pedro erzählte mir, daß unser Besuch ein Arzt seines Volkes sei, doch sorge dasselbe schlecht für seinen Doktor, und dessen Betteleien bei den vorüberfahrenden Schiffen wären bekannt. Mir that die arme nackte Fa=

milie leid. Eilig holte ich von meinen Sachen sechs alte Manschettenhemden herbei, die ich für die Seereise mitgenommen hatte. Davon reichte ich eins dem Indianer, und die übrigen warf ich der Frau zu. Freudestrahlend nahm diese die Gabe in Empfang, und nachdem sie nach längerer Musterung selbst ein Hemd übergezogen hatte, begann sie auch die Kinder zu bekleiden, welche in den für sie viel zu großen Hemden einen äußerst komischen Anblick boten.

Der Indianer schritt stolz auf dem Deck in seiner neuen Bekleidung umher, indem er dieselbe lächelnd von oben bis unten betrachtete. Aber noch deutlicher drückte sich die Freude auf seinem Gesichte aus, als der Kapitän meinem Geschenk noch einen hohen Cylinderhut hinzufügte. Derselbe war für den großen Kopf des Indianers etwas klein, und eine Hand mußte den Hut beständig halten, solange er auf dem haarigen Haupte thronte; doch dieser Mühe unterzog sich der Doktor gern, wie es schien denn als die Curiara mit ihren braunen, jetzt weißbekleideten Insassen, stromabwärts treibend, kaum noch zu erkennen war, sah ich durch das Fernglas noch immer den Hut auf dem Kopfe des Indianers.

Gegen Abend lichtete sich der Urwald am südlichen Ufer wieder mehr und mehr, und oft reichten die auch hier mit Büschen und kleinen Bäumen bewachsenen Grasflächen bis dicht an den Fluß.

An den Ufern wurden die Hütten zahlreicher, doch selten bemerkte man Menschen in ihrer Nähe. Auch belebten den Strom hier und dort kleine Fahrzeuge, deren von der Sonne gebleichte, weiße Segel grell gegen das grüne Laub abstachen.

Am andern Morgen kam schon gegen zehn Uhr ein frischer Wind auf, welcher uns rasch weiter brachte. Der Orinoko schien sich in der Breite noch mehr auszudehnen. Das Fahrwasser befand sich bald an der einen, bald an der andern Seite des Stromes, in welchem überall schwarze Felsen lagen, und Sandbänke erstreckten sich oft meilenweit an den erhöhten Ufern entlang. Die Breite des Flusses war hier so groß, daß man von einem Ufer zum andern mit bloßem Auge nur undeutlich die einzelnen Gegenstände erkennen konnte. Die größte Breite, welche der Orinoko erreicht, beträgt in der trockenen Jahreszeit etwas mehr als 5000 Meter, in der Regenzeit an einigen Stellen das doppelte.

Gleich nach Mittag passierten wir Puerto de la Tablas, den Hafenplatz für die mehrere Tagereisen von dort entfernten bedeutenden Goldminen Venezuelas. Zwischen den zum Teil steinernen Häusern und hauptsächlich in der Nähe des Ufers herrschte ein reges Leben. Eine große Anzahl Balandras (eine Art Kähne mit einem und zwei Masten) lagen dort, aus denen für die Minen bestimmte Waren, welche diese Fahrzeuge von Ciudad Bolivar bringen, auf Esel und Maultiere, sowie auf große, mit Ochsen bespannte Karren geladen wurden.

Hinter Puerto de la Tablas dehnt sich eine weite Ebene aus, die als Schlachtfeld unter dem Namen San Felix aus der Geschichte der Befreiung Venezuelas von den Spaniern durch Simon Bolivar bekannt ist.

Der Hafenplatz mit seinem geschäftigen Treiben war

bald unseren Augen entschwunden und wieder bedeckte dichter Urwald beide Ufer, welche mit ihrer Undurchdringlichkeit dasselbe Bild boten wie bei unserer Einfahrt in den Orinoko.

Wenige Stunden nach der Abfahrt am anderen Morgen teilte sich an der südlichen Seite des Stromes der Urwald und ließ eine breite Wasserstraße von eigentümlicher schwarzer Färbung frei. Der Caroni ergießt sich hier in den Orinoko. Seine Wasserfälle liegen nicht weit von der Mündung des Flusses entfernt, und ihr Rauschen war es, welches in der nächtlichen Stille zu uns herüberdrang.

Je weiter wir jetzt den Fluß hinaufkamen, desto mehr Hütten zeigten sich an beiden Ufern, wo von Zeit zu Zeit Urwald mit größeren Grasflächen abwechselte.

Don Pedro behauptete, daß wir in Cindad Bolivar bestimmt am folgenden Mittage eintreffen würden, und daher benutzte ich den Tag, um meine Sachen zu ordnen. Der Kapitän that ein Gleiches, und auch die Mannschaft beschäftigte sich damit, alles für unsere Ankunft vorzubereiten.

Schon früh am Morgen war ich munter, und wieder ergötzte ich mich an dem plötzlichen Erwachen des jungen Tages, wenn auch der Reiz hier auf dem breiten Strom nicht so groß war als als zu Anfang unserer Flußreise zwischen den hohen, grünen, belebten Waldmauern.

Um zehn Uhr befand sich die „Angostura" bereits wieder unter Segel. Das Flußbett wurde mit jeder Stunde enger, und große, schwarze Felsen lagen an den Ufern und im Fahrwasser.

Don Pedro, welcher seinen Anzug durch ein blau- und weißgestreiftes Manschettenhemd verschönert hatte, stand vorn am Schiff auf der Back und rief seine Kommandoworte lauter wie zuvor dem Manne am Steuer zu. Er schien sich heute seines Postens als Führer der Brigg doppelt bewußt zu sein; keinen Augenblick verließ er seinen Platz und sogar das Mittagsmahl mußte ihm gebracht werden. Nachdem er dasselbe langsam und bedächtig verzehrt hatte, drehte er sich plötzlich nach dem Schiffsjungen um, der in seiner Nähe meine und des Kapitäns Stiefel putzte, und sagte kurz: „Jung, hiß de Flagge up!" dann nahm er seine bisherige Stellung wieder ein.

Fritz ließ, über diese Anrede in seiner Muttersprache erschrocken, Bürste und Stiefel fallen. Er war in seiner früheren Ansicht, daß der braune Lotse wirklich Plattdeutsch verstünde, irre geworden, und jetzt gab dieser ihm einen Beweis seiner Kenntnis. Kopfschüttelnd lief er zum Kapitän und verkündete ihm den erhaltenen Befehl. Gleich darauf flatterte die schwarz-weiß-rote Flagge im Winde.

Der Orinoko beschrieb einen weiten Bogen, und als wir einen felsigen Vorsprung am südlichen Ufer passiert hatten, lag in weiter Ferne das Ziel unserer Reise vor uns.

Je mehr wir uns der Stadt näherten, desto schmaler wurde der Strom, welcher jedoch bei der Stadt noch immer die beträchtliche Breite von 1130 Meter behält.

Gleich oberhalb Ciudad Bolivars dehnt sich das Flußbett des Orinokos wieder bedeutend aus, und dessen geringere Breite bei der ursprünglich „Santo Tome de la Nueva Guayana" benannten und 1764 gegründeten Stadt gab dieser den Namen „Angostura" („die Enge"), welcher 1824 nach der Vertreibung der Spanier durch Simon Bolivar in „Ciudad Bolivar" umgewandelt wurde.

Nach zwei Stunden erreichten wir die ersten, mit Palmblättern gedeckten Häuser, welche sich in einer langen Reihe, von Mamonbäumen beschattet, am Ufer hinziehen. Eine halbe Stunde später ankerten wir in dem Hafen der Stadt, der von einer breiten, felsigen Landzunge gebildet wird, auf welcher sich der mit steinernen Hallen umgebende Marktplatz befindet.

Ciudad Bolivar ist an der südlichen Seite des Flusses an einem etwa zweihundert Fuß hohen, ziemlich steilen Felsen erbaut, auf dessen Spitze eine Kirche steht. Die steinernen Gebäude haben beinahe sämmtlich flache Dächer und sind meistens nach nördlichen Seite zweistöckig. Der hintere Theil des Hauses liegt dann in der Höhe des zweiten Stocks, da der ansteigende Felsen den Untergrund bildet.

Eine breite Sandfläche erstreckt sich langsam ansteigend vom Fluß bis an die etwa 10 Meter hohe Hafenmauer. Die Schiffe, welche auf diese Weise weit vom eigentlichen Ufer ankern, laden ihre Waren in der Regenzeit unmittelbar an der Mauer aus. Die Höhe des Orinoko beträgt dann achtzehn bis zwanzig Meter über dem Niveau des Wasserstandes in den trockenen Monaten. Mit dem Steigen des Wassers wächst auch die Gewalt der Strömung, welche bei der Stadt schon durch die Enge des Flußbettes stärker ist wie oberhalb oder unterderselben. Im August und September jagen die Fluten mit einer rasenden Schnelligkeit dahin, und Bäume sowie

Stücke fortgerissenen Ufers bedecken die Oberfläche des Stromes.

Wohin das Auge schaut, herrscht ein reges Leben und Treiben. Männer von der verschiedensten Hautfarbe sind damit beschäftigt, Waren bei den am Ufer liegenden Schiffen und Raddampfern ein- und auszuladen. Alle diese Arbeiter tragen ihre Lasten auf dem Kopf und schleppen diese in solcher Weise bis zu hundertfünfzig Kilogramm fort. Der Lärm der vielen schreienden, scheltenden und lachenden Menschen wirkt beinah betäubend auf das während der langen Fahrt an Ruhe gewöhnte Ohr. Und alles klingt so fremd; überall hört man nur Spanisch und „Patois" (eine Mischsprache von Spanisch, Englisch und Französisch, welche bei den Kolonienegern gebräuchlich ist).

Auf dem Zollhause entfaltete sich jetzt die venezuelanische Flagge (gelb-blau-rot) — ein Zeichen, daß man von unserer Ankunft Notiz genommen hatte und die Zollvisite schicken werde.

Nach einer Weile stieß ein größeres Boot vom Lande, und in wenigen Minuten lag dasselbe an der Seite unserer Brigg. Vier schwarzgekleidete Herren von mehr oder weniger dunkler Gesichtsfarbe stiegen zu uns an Bord und wurden von dem Kapitän sofort in die Kajüte geleitet, wo eine Mahlzeit, Wein und Cigarren für sie bereit standen.

Die Herren ließen sich nicht lange nötigen; sie griffen tapfer zu, und vor allem verschmähten sie den Wein nicht. Nach dem Essen zündeten sie sich eine Cigarre an, und dabei wanderte der übrige Inhalt des Kistchens in ihre Taschen. Dann kehrten die Herren wieder in ihr Boot zurück, was mit einiger Schwierigkeit verknüpft war, da der reichlich genossene Wein bereits seine Wirkung auszuüben begann. Eine Untersuchung und Besichtigung des Schiffes, den eigentlichen Zweck des Besuches, hielt man nach einer so freundlichen Bewirtung für überflüssig.

„Hallo, Koptein!" tönte es ungemein anheimelnd in dem uns umgebenden fremden Stimmengewirr zu uns herauf, als die Zollherren abgefahren waren, und aus einem kleinen Boote, welches auf die „Angostura" zusteuerte, nickte uns ein sonnverbrannter Mann lachend zu. „It is man god, dat Se da sind! Wie dachten all, Se kennen nich mehr. — Ik kam, um mi Ehren Passagier to halen."

Kurze Zeit darauf befand ich mich an Land in Ciudad Bolivar.

Die Schrecken des Orinoko.
Von Friedrich J. Pajeken.

Träge und langsam wälzt der Riesenstrom in der trockenen Jahreszeit (November bis Mai) seine Flutmassen dem Meere zu. Den Segelschiffen wird es nicht schwer, gegen den Strom zu kämpfen und in sieben bis zehn Tagen ist von der Mündung aus der Haupthandelsplatz am Orinoko: Ciudad Bolivar (Angostura) erreicht.

Ein vollständig anderes Bild entwickelt sich in der Regenzeit. Sie beginnt im Mai mit kleinen Regengüssen, welche von Woche zu Woche länger andauern bis zuletzt, beinahe ununterbrochen Tag und Nacht das Wasser wolkenbruchartig vom Himmel herabstürzt. Mehr und mehr steigt der Fluß. Bald überspült er die weiten Sandflächen, und nach und nach verschwinden auch die Felsblöcke unter dem jetzt hellbraunen Wasser, welches immer mächtiger und rascher stromabwärts drängt. Zusehends wächst seine Kraft, und hat die Regenzeit ihren Höhepunkt erreicht, dann rasen die Fluten mit unheim=

licher Gewalt schäumend und zischend dahin. Die Oberfläche bedecken, kleinen Inseln gleich, Stücke abgerissenen Ufers und Bäume; in Windeseile reißt der wirbelnde Strom sie fort.

Jetzt beginnt die Gefahr für die von Europa und Nordamerika kommenden Segelschiffe, welche in dieser Zeit schon 50 Tage gebrauchten, um von der Mündung aus nach Ciudad Bolivar zu gelangen. — Der an Bord befindliche Lotse hat seine ganze Aufmerksamkeit anzuwenden, um das Fahrzeug ohne Unfall bei den vielen Untiefen und Felsenriffen vorbeizuführen und besonders, wenn die Reise stromabwärts geht und das Schiff, von der gewaltigen Strömung fortgetrieben, nur schwer dem Steuer gehorcht, atmet wohl mancher Kapitän erleichtert auf, wenn er die Fahrt glücklich auf dem tobenden, mächtigen Riesenstrome beendet hat und nun von neuem das für ihn bedeutend sicherere Meer vor sich sieht.

Eine unangenehme Zugabe erhält die Reise auf dem Flusse noch durch die in gewaltigen Massen vorhandenen Moskitos, welche ihre Opfer zur Verzweiflung zu bringen vermögen und den Menschen selbst durch dicke, wollene Strümpfe und Beinkleider mit einer unverschämten Zubringlichkeit ihre Stiche zufügen. Ihnen gesellen sich noch viele andere Insekten der verschiedensten Gattungen zu, deren Biß oder Stich empfindliche Schmerzen und eine mehr oder weniger starke Anschwellung zur Folge hat. Bei dem Stich einer glänzenden, größeren Stechfliege, die sich hauptsächlich im Delta des Orinoko aufhält, ist beides im hohen Maße der Fall.

Keinen erwünschteren und wohlthuenderen Genuß

giebt es wohl in den Tropen, als nach dem heißen Tage den Körper durch ein Bad zu erfrischen. Aber dasselbe im Orinoko zu nehmen, ist mit den größten Gefahren verknüpft.

In erster Linie sind es die gefräßigen Piraïs, in Venezuela „caribes" genannt, die den Menschen im Wasser anfallen. Diese Fische, welche sich in ungeheuren Mengen im Flusse aufhalten, haben eine Länge von 47 bis 52 Centim. Mit den zwei Reihen ihrer scharfen Zähne bringen sie ihrem Opfer die gefährlichsten Wunden bei. Mit großer Geschwindigkeit zerfleischen sie den angegriffenen Körperteil, und ist es schon vorgekommen, daß sie Badenden einzelne Glieder abgefressen haben, bevor jene sich an das Ufer retten konnten. Kein Tier ist vor ihnen sicher. Wasservögeln und Schildkröten reißen sie die Beine ab, und selbst die Zehen und Schwimmhäute der Krokodile bleiben von ihnen nicht verschont. Ihr scharfes, hartes Gebiß hat eine derartige Kraft, daß sie mit demselben einen mehrere Millimeter starken Angelhaken stumpf abzubeißen vermögen.

Bleibt man am Ufer, um dort nur eine Abspülung des Körpers vorzunehmen, so droht dem Menschen auch hier Gefahr. Halb vom Sande bedeckt liegt der Stachelrochen (raya). Nähert man sich dem Fisch, oder berührt man ihn gar, so ist das Tier imstande, den Menschen mit seinem pfeilförmig auslaufenden, mit Widerhaken versehenen Schwanze tödlich zu verwunden. Wenigstens sind die Folgen des Stiches heftige Krämpfe, welche, wenn der Fuß getroffen wurde, oft die Sehnen desselben zusammenziehen oder lähmen. In Ciudad Bolivar sieht man verschiedentlich Wasserträger mit verkrüppeltem Fuße, welchen jene der Verwundung durch eine Raya zu verdanken haben.

Unter Schlinggewächsen und Blattpflanzen am Ufer verborgen, lauert ferner auf seine Beute das Krokodil, welches am Orinoko eine Länge bis zu 5 Meter erreicht. Weniger gefährlich sind die im allgemeinen feigen Tiere hier, wie im tieferen Wasser des Flusses, wo der schwimmende Mensch sich schlecht gegen sie verteidigen kann; es kommt dann seltener vor, daß die Tiere einen Angriff wagen. Immerhin bleibt es jedoch ein Wagnis und ein unangenehmer Gedanke, sich den Fluten anzuvertrauen, welche derartige Gäste beherbergen.

Eines der gefährlichsten Tiere des Orinoko ist der Temblador oder Zitteral. Er erreicht eine Läge bis fast 2 Meter und sein elektrischer Schlag vermag den Menschen, wenn auch nicht zu töten, so doch vollständig zu betäuben, so daß dieser untersinkt und dem Ertrinken ausgesetzt ist. Ich selbst erlebte davon ein Beispiel, welches mir noch heute lebhaft vor Augen steht. Eines Abends befand ich mich an Bord einer im Hafen von Cuidad Bolivar ankernden Brigg. Einer der Matrosen, welcher dem Lande einen Besuch abstatten wollte, fiel beim Hinabklettern in das kleine, langseit befestigte Boot über Bord. Der Kapitän warf dem Manne ein Tau zu; doch dieser wies dasselbe lachend zurück und schwamm nach dem nur wenig entfernten Ufer. Plötzlich streckte er seine Arme hoch in die Luft, dann verschwand er unter der Oberfläche des Wassers. An derselben Stelle zeigte sich gleich darauf der Schwanz eines großen Zitterales.

Es wurde sofort alles aufgeboten, um den Matrosen zu retten; doch jede Mühe war vergeblich. Die starke Strömung hatte ihn hinweggerissen, und nie hat man wieder etwas von ihm gesehen.

Dr. Carl Sachs, welchen ich die Ehre hatte, am Orinoko persönlich kennen zu lernen, hat sich eingehend mit dem Studium des Zitterales befaßt und widmet diesem interessanten Fische ein ausführliches Kapital in seinem Werke: „Aus den Llanos." (Leipzig 1879.)

Auch die Anakonda (Riesenschlange) gehört zu den gefährlichen Bewohnern des Orinoko, wenn sie sich auch gewöhnlich mehr in den Nebenflüssen und in den mit dem Strome durch kleine Wasserarme (canos) verbundenen Lagunen aufhält. Nach Aussagen der Eingeborenen soll sie 12 Meter lang werden. Das größte Exemplar, welches ich gesehen habe, besaß eine Länge von 8 Metern.

Aus ihrem Versteck am Ufer wirft sich die Schlange auf Wild und Rinder, welche zum Fluß kommen, um zu trinken. Mit dem riesigen Leibe umschlingt sie ihre Beute, die sie in das Wasser zieht und ersäuft. — Daß die Anakonda Menschen angreift, haben frühere Reisende vielfach verneint. Ich kenne einen Fall, welcher die Thatsache beweist. — Die Esel eines kleinen, von Ort zu Ort ziehenden Kaufmanns wurden einst herrenlos angetroffen. Ihr Eigentümer blieb verschwunden, bis man eines Tages nicht weit von der Stelle, wo die Esel gefunden wurden, am Caroni eine große Anakonda erlegte, in deren Leibe man die Ueberreste eines Menschen fand, in welchem man aus verschiedenen Anzeichen den vermißten Kaufmann entdeckte.

Noch etwas giebt es, das den Menschen auf dem Orinoko wohl mit Schrecken zu erfüllen vermag, besonders wenn er sich in einem kleineren Fahrzeuge dem gewaltigen Strome anvertraut hat, und das ist der chuvasco, jener orkanartige Sturm, welcher meistens in der trockenen Jahreszeit Abends vom Meere her den Fluß herauftobt und den ich schon in meiner „Reise auf dem Orinoko" näher beschrieb.

Ein Jagdabenteuer mit einer Riesenschlange.
Von Friedrich J. Pajeken.

Während meines Aufenthaltes in Ciudad Bolivar war mein Hauptvergnügen die Jagd, und wenn es nur meine Zeit erlaubte, streifte ich mit meiner Flinte auf dem Rücken in den Urwäldern nahe der Stadt umher oder durchritt die grünen Savanas bis weit in das Land hinein.

Auf diesen kleinen Streifzügen bestand meine Jagd= beute dann hauptsächlich aus großen und kleinen Papageien, Tauben und bunten Vögeln; auch brachte ich wohl ein Reh mit nach Hause; doch das war nicht oft der Fall, weil diese Tiere sich weiter von der Stadt ent= fernt aufhalten und sich nur selten in die Nähe derselben verirren.

An die Strapazen, welche durch die schon gegen neun Uhr morgens eintretende große Hitze nicht gering sind, gewöhnte ich mich bald. Mochte der Schweiß mir auch in dicken Tropfen von der Stirn perlen, der Jagd=

eifer trieb mich weit und weiter und oft kehrte ich erst nach Hause zurück, wenn die Sonne bereits ihren höchsten Punkt am Himmel erreicht hatte.

Die deutschen Freunde kannten meine Leidenschaft. Einige von ihnen hatten mich einmal begleitet; aber seitdem sträubten sie sich hartnäckig, einen zweiten Versuch zu machen, und während ich mich draußen in der freien Natur an der wunderherrlichen Tropenlandschaft ergötzte, zogen sie es vor, sich im schattigen Hause in ihren Hängematten zu schaukeln oder in den kühleren Räumen des deutschen Klubs Skat zu spielen.

Nur ein Apotheker machte hiervon eine rühmliche Ausnahme. Er war ein großer Naturfreund, liebte wie ich das Weidwerk ungemein, und erklärte sich dann und wann gern bereit, mit mir zu gehen. Zu seinem Lobe will ich bekennen, daß er auch tapfer mit mir aushielt, ohne zu murren.

An einem Samstag Abend hatte ich mit dem „Doktor", wie mein Freund allgemein wegen seiner guten ärztlichen Ratschläge genannt wurde, wieder einmal für den nächsten Tag einen Streifzug in die Umgegend verabredet, und schon um vier Uhr in der Frühe des andern Morgens hielt ich mit zwei gesattelten Pferden vor der Apotheke und läutete den Eigentümer derselben aus dem Schlaf.

Mein Freund, welcher mir im langen Nachtgewande die Thür öffnete und mich eintreten ließ, freute sich über meine Pünktlichkeit, und in wenigen Minuten war er angekleidet. Mit einer bewunderungswürdigen Fertigkeit braute er dann Kaffee, und nachdem wir einige Tassen davon genossen hatten, bestiegen wir unsere Gäule und brachen auf.

Beinahe tageshell schien der Mond vom Himmel. Totenstille herrschte in den Straßen, durch die wir ritten, nur vom Marktplatze her klang Geräusch zu uns herüber. Dort beschäftigten sich bereits die Schlächter damit, ihre Waare zu verteilen.

Bald hatten wir die Stadt verlassen, und nun führte uns unser Weg unter mächtigen Tamarinden= und Pflaumenbäumen, zwischen fünf bis sechs Meter hohen Kaktushecken hindurch an dem Ufer des Orinoko entlang.

In dem dunklen Laubdache, durch das nur ver= einzelt die Strahlen des Mondes fielen, schwirrten tausende von Glühkäferchen. Gleich hellen Funken stoben sie leuchtend durcheinander, oft bis zu uns herab.

Unsere Pferde liefen einen leichten Paß; jene für den Reiter so bequeme Gangart, da man sich kaum im Sattel bewegt, während das Tier seinen Weg rasch fortsetzt.

Mit kleinen Unterbrechungen ging es in dieser Weise beinahe eine Stunde weiter. Dann wurde der Boden uneben und steinig, und da auch der Mond mittlerweile untergegangen war und vollständiges Dunkel um uns herrschte, konnten die Gäule nur langsam vorwärts schreiten.

Auch die Glühkäferchen hatten sich jetzt zur Ruhe begeben. Alles lag in tiefem Schlaf, und nur die auf= schlagenden Pferdehufe und die an das nahe Ufer plätschernden Wellen unterbrachen die lautlose Stille.

Da flammten plötzlich im Osten blitzartige Strahlen

auf, worauf sich ein lichter Schein am Horizont nach allen Seiten mehr und mehr verbreitete und seine Hülle über die Erde warf.

Unsere Pferde wieherten und schüttelten die Mähnen. Gleich darauf erhob sich rings um uns her, sich rasch steigernd, der wüste Lärm der erwachenden Vögel und anderen Tiere, und wenige Minuten später tauchte in ihrem Strahlenglanze die Sonne empor.

Das Gesicht des Doktors, welcher bis dahin kaum ein Wort gesprochen hatte, leuchtete jetzt vor Vergnügen. Hastig putzte er seine Brille und nachdem er sie wieder auf die Nase geschoben hatte, hüpfte er lebhaft im Sattel umher. Seine Augen waren überall, besonders aber verfolgten sie die Papageien, und als wir bei einem Baum vorbeiritten, in dessen Spitze sich eine Schar dieser Tiere kreischend niedergelassen hatte, vermochte er seinen Jagdeifer nicht mehr zu bezwingen. Eilig nahm er die Flinte zur Hand; der Schuß krachte, und zwei Vögel fielen getroffen aus der Höhe hernieder, während das übrige bunte Federvölkchen laut krächzend von dannen flog.

Rasch war mein Freund vom Pferde, und mit Kennermiene wog er die Tiere einen Augenblick in der Hand, bevor er dieselben schmunzelnd an seiner Tasche befestigte.

„Potz Blitz und Bittersalz! Die Dinger sind fett!" sagte er, und in Gedanken an die schmackhaften Braten schnalzte er einigemale vergnügt mit der Zunge.

„Wollen wir hier bleiben, Doktor?" fragte ich. „Sie sehen, zu schießen giebt es genug!"

Vom Bleiben wollte der Doktor nun aber nichts wissen, und behende kletterte er wieder auf seinen Gaul.

"Wir reiten weiter in das Land hinein; was hier vorhanden ist, finden wir auch dort!" meinte er, und von neuem setzten wir unsere Pferde in Trab, doch schlugen wir jetzt die südliche Richtung ein.

Eine mit Gras und kleinen Bäumen bedeckte Fläche breitete sich vor uns aus, welche nicht weit von uns entfernt durch Urwald begrenzt wurde.

"Dort ist gut sein!" rief der Apotheker und zeigte auf die dunkle Waldung. "Ich kenne das Terrain. Mit einem Wort gesagt: großartig! Der Marguanta wälzt sein schwarzes Wasser zwischen dichtem, schattigem Laube dahin. Die gigantischen Bäume strecken ihre Aeste von einem Ufer zum andern, und diese vereinigen sich, von Schlinggewächsen überwuchert, über dem Fluß zu einem grünen, luftigen Dach."

Da ich jene Gegend noch nicht besucht hatte, folgte ich meinem Freunde gern, und nach etwa einer halben Stunde ritten wir auf einem frisch behauenen Weg in den Wald hinein.

Zu unseren beiden Seiten und über uns war alles dicht bewachsen und dabei der Pfad so schmal, daß wir hinter einander reiten und uns oft bücken mußten, um durch diese enge grüne Gasse zu gelangen.

Plötzlich wandte sich der Doktor, welcher vor mir ritt, im Sattel um und sagte triumphierend:

"Merken Sie, daß ich hier bekannt bin? Dort liegt die Hütte des Pedro und gleich dahinter befindet sich der Marguanta!"

Ich hatte vorher weder etwas von Pedro gehört, noch wußte ich, daß hier eine Hütte sein sollte; aber der Doktor hatte recht, beides war vorhanden!

Die Hütte, auf einer Lichtung im Walde gelegen, aus einem auf sechs in die Erde gepflanzten Pfählen ruhenden Dach von Morichepalmblättern, und Pedro kam uns in der Gestalt eines kaffeebraunen Indianers, schon von weitem schreiend, entgegen; er trug als einzige Bekleidung ein blaues, um die Hüften geschlungenes Tuch.

Caballeros! Que felicidad! Sie kommen erwünscht! Welch große Freude für mich und mein Haus!" rief er ein über das anderemal aus und schüttelte uns die Hände.

Wir waren währenddem bei diesem Hause angekommen.

„Aber so rede doch! Was ist Dir begegnet? Ist Deine Frau krank geworden?" unterbrach jetzt der Doktor ungeduldig die freudigen Ausrufe Pedros.

„No, Senor! Sie ist munter wie ein Fisch im Wasser! Seht, dort kommt sie!" erwiderte dieser und zeigte auf ein jugendliches Indianerweib, welches, einen nackten Knaben auf dem Arm, langsam näher trat. Auch sie hatte, wie ihr Mann, nur ein blaues Tuch um die Hüften gelegt. Hals und Handgelenke zierte rote Perlschnüre. Lächelnd reichte sie uns beiden ihre Rechte.

„Nun sage, Pedro, was Dich so sehr in Unruhe versetzt hat?" fragte mein Freund neugierig weiter.

Una culebra, Senor! Sie lebt hier im Fluß und hat in der letzten Woche eines meiner fettesten Schweine gefressen."

„Eine Schlange? Eine Schlange? Eine richtige, große Schlange?" rief der Doktor eifrig. „Freund, reden Sie kein Wort? Hören Sie? — Eine Schlange! — Die werden wir erlegen!" wandte er sich freudestrahlend an mich.

„Wo befindet sie sich? Wie groß ist das Tier? Wann hast Du es zuletzt gesehen?" So sprudelten dann viele Fragen über seine Lippen, und Pedro hatte Mühe, alles zu beantworten.

Seiner Beschreibung nach mußte die Schlange ein wahres Ungeheuer sein.

Wir stiegen von den Pferden und banden die Tiere im Schatten eines großen Mangobaumes fest.

Der Doktor bemühte sich nun, mit dem Indianerweibe ein Gespräch anzuknüpfen, wobei ich ihn nach besten Kräften unterstützte, während Pedro seine Vorbereitungen zur Jagd traf.

Er band alpagatas (eine Art Sandalen) unter die Füße und ein langes Tau, an dem sich eine Schlinge befand, um den Leib. Eine hellgrüne Drillhose und ein breitrandiger Hut aus Holzspänen, vervollständigten seine Toilette. Dann nahm er noch ein machete (ein zehn Centimeter breites und etwa achtzig Centimeter langes Messer) zur Hand, welches ein unentbehrlicher Begleiter im Urwalde ist, und winkte uns, ihm zu folgen.

Dicht am Flußufer betraten wir das Dickicht.

Unser Führer bahnte uns mit seinem machete, welches er in dem immer dichter werdenden Urwalde mit großer Geschicklichkeit gebrauchte, den Weg. Wurzeln, Zweige und Schlingpflanzen zerteilten seine wuchtigen

Hiebe. Trotzdem hatten wir selbst noch große Mühe, uns hinter ihm durchzuarbeiten, wobei wir von unzähligen Moskitos, die wie Raubtiere über uns herfielen, auf eine sehr unangenehme Weise belästigt wurden.

Sobald sich eine Aussicht auf den Fluß bot, wurden die Oberfläche und die Ufer desselben genau beobachtet; aber von der Schlange war nichts zu sehen. Langsam und ruhig floß der Strom dahin.

Pedro war bald in Schweiß gebadet. Perlend tropfte ihm das Wasser über seinen breiten Rücken; auch hatte die schöne hellgrüne Farbe seines Beinkleides, welches jetzt eng an seinen Beinen klebte, einer bedeutend dunkleren Farbe Platz gemacht. Unermüdlich arbeitete er jedoch weiter, indem er uns zwischenburch immer wieder von der Größe der Schlange erzählte.

Auch auf uns machte die Hitze, welche stärker wurde, mit jeder Minute einen fühlbaren Eindruck. Der Schweiß lief uns in Strömen von der Stirn, und da all unser Ausschauen und Suchen vergeblich blieb, vermuteten wir, daß sich Pedro getäuscht haben würde; wir beschlossen daher, diese mehr wie mühevolle, erfolglose Jagd aufzugeben.

Das nahm aber unser Freund schlecht auf. Er merkte, daß wir seine Behauptungen bezweifelten, und bat uns vom Himmel bis zur Erde, den Mut nicht sinken zu lassen, indem er alle Heiligen als Zeugen anrief, daß er uns die Wahrheit gesagt habe.

Wir gaben endlich seinen bringenden Bitten nach. Doch als wir eine Weile später eine kleine, mit Gras bewachsene Fläche erreichten, machte ich den Vorschlag, hier vorläufig eine kurze Zeit zu rasten, was von dem Doktor freudig begrüßt wurde. Er setzte sich auch sofort, sichtlich erschöpft, auf einen Stein nieder, und ich verfügte mich an seine Seite.

Den Apotheker hatte die geringe Aussicht auf Erfüllung seines sehnlichen Wunsches, die Schlange zu finden, sehr mißmutig gemacht. Er antwortete nur kurz auf meine Fragen, und nachdem wir uns ausgeruht und etwas Rum und Brot genossen hatten, meinte er, es sei doch wohl geratener, umzukehren, da wir noch einen weiten Weg bis zur Stadt zurücklegen mußten und die bereits unerträgliche Hitze sich noch von Stunde zu Stunde mehre.

Wir waren gerade im Begriff, aufzubrechen, als Pedro wie eine Katze auf uns zusprang, und indem er auf den Fluß deutete uns hastig zuflüsterte:

"Miran, Caballeros! Alla está la culebra!" (Seht, meine Herren, dort ist die Schlange!)

Auf der Oberfläche des Wassers zeigte sich eine ovale Scheibe, welche sich ruckweise fortbewegte und dann verschwand, um nach kurzer Zeit wieder aufzutauchen.

Eilig griffen wir nach den Flinten.

"Un momento, Caballeros!" flüsterte der Indianer eifrig weiter. Rasch nahm er das Tau von den Hüften, nahm dieses, wie einen Lasso zusammengelegt, in die rechte Hand und schlang das Ende desselben um den linken Arm. "Ahora!" (Jetzt) rief er aus.

Sofort lagen unsere Flinten im Anschlag, und gleichzeitig krachten die Schüsse.

In demselben Augenblick schnellte die getroffene

Schlange etwa vier Meter hoch über die Oberfläche des Wassers empor und die von Pedro wohlgezielte Schlinge fuhr sausend über ihren Kopf.

„Anbinden! Anbinden!" schrie der Indianer in fieberhafter Aufregung.

Hastig sprangen wir hinzu und befestigten das Tau um einen Baumstamm. Kaum war dieses geschehen, so wurde dasselbe auch schon straff angezogen. Gleich darauf kam das eben noch so ruhige Gewässer in eine sturmwellenartige Bewegung. Schäumend spritzte es hoch empor. Zischend zerteilten sich die Wogen von der Mitte des Flusses und schlugen brausend über die an den Ufern desselben liegenden Felsblöcke.

Nach einer längeren Weile beruhigten sich die wallenden Fluten ein wenig, und nun versuchten wir, unsere Beute an das Land zu ziehen. Aber vergeblich war alle Mühe, unsere Kräfte reichten nicht aus.

Pedro geberdete sich bei dieser Arbeit wie ein Unsinniger. Er tobte und heulte vor Vergnügen, und laut lachend hüpfte er von einem Bein auf das andere.

Da erschienen plötzlich drei Indianer, welche in der Nähe ihre Anpflanzungen besaßen und durch die Schüsse und das Geschrei unseres Führers angelockt waren.

In wenigen Worten wurde ihnen mitgeteilt, was hier vorgefallen war, und auch sie gaben ihrer Freude durch Toben und Heulen Ausdruck.

Von neuem schäumten die Wellen auf, noch einmal spritzte der Gischt hoch empor, dann wurde das Wasser stiller und stiller, und nur ein kochendes Geräusch ließ sich auf der Oberfläche vernehmen.

Alle mit einander legten wir jetzt Hand an. Das Tau wurde von uns so viel wie möglich angezogen und dann wieder locker gelassen. Auf diese Weise versuchten wir das getroffene Tier zu ermüden.

Dieses gelang uns nach und nach, und eine halbe Stunde später bemerkten wir, daß die Kräfte des Tieres bedeutend schwächer wurden.

Ein Schluck Rum gab einem jeden von uns die nötige Stärkung. Dann traten wir von neuem an das Tau, und nach einem regelmäßigen Anziehen tauchte endlich am Ufer der Kopf der Schlange aus dem Wasser hervor.

Derselbe bot mit seinem weit geöffneten Rachen einen schauerlichen Anblick und viel fehlte nicht daran, so wären die erschreckten Indianer davongelaufen. Doch Zureden half und wieder setzten wir unsere Arbeit fort.

Bald befanden sich etwa vier Meter der anscheinend toten Schlange auf dem Lande, als plötzlich neues Leben in ihr erwachte. Der Rachen schloß und öffnete sich, und Blut strömte daraus hervor. Der dunkelolivenschwarze, mit Schlamm und Schaum bedeckte Körper geriet in Bewegung.

Mit einem Satz flüchteten die Indianer schreiend seitwärts in die Büsche.

Ich ergriff rasch meine Flinte, setzte deren Mündung an den Kopf des Tieres und drückte ab. Das dickkörnige Schrot zermalmte denselben vollständig.

Aengstlich kamen die Männer wieder herbei, und von neuem begannen wir die Schlange aus dem Wasser zu ziehen.

Endlich lag dieselbe vollends auf dem Lande. Pedro täuschte sich nicht, es war ein Ungeheuer! Das Tier hatte eine Länge von etwas über acht Meter und einen Umfang von fünfundsiebenzig Centimeter. Noch immer lief ein Zucken durch seinen ganzen Körper.

Unsere Beute wurde darauf nach einem größeren, mit Gras bewachsenen Platz gebracht. Hier bat ich die Leute, der Schlange das Fell abzuziehen und dasselbe zum Trocknen auszuspannen.

Bereitwillig machten sich die Indianer sogleich an die Arbeit, nachdem ich einem jeden noch ein Schluck Rum und einige reales (1 real = 40 Pfennig) verabreicht hatte.

Der Doktor und ich verfügten uns dann auf einem weiter vom Fluß gelegenen, bereits gebahnten Wege nach der Hütte unseres Führers, dort hörte die Frau desselben mit großer Freude, daß das Tier erlegt sei.

Abgesehen davon, daß diese Schlangen auch den Menschen gefährlich sind, rauben sie den an den Ufern der Flüsse wohnenden Ansiedlern ihr Vieh (hauptsächlich Schweine und Kälber), indem sie dieses, wenn es zum Trinken geht, überfallen, in das Wasser ziehen und ersäufen, um dann ihre Beute mit Ruhe zu verzehren.

Aus diesem Grunde schon wird die „Anakonda" getötet, wo man ihrer nur habhaft werden kann. Ihre große, dicke Haut gerbt man und fertigt Stiefel, Satteltaschen und dergleichen daraus. Die Indianer behaupten, daß das Fleisch wohlschmeckend sei, doch habe ich niemals Gelegenheit gehabt, dieses zu prüfen.

Mein Freund und ich bestiegen unsere Pferde und machten uns auf den Heimweg. Die Hitze war kaum zu ertragen.

„Schachmatt", wie der Doktor sagte, und mit keinem trockenen Faden am Körper erreichten wir nach ungefähr drei Stunden die Stadt.

Acht Tage später erhielt ich das getrocknete Schlangenfell. Ich ließ dasselbe imprägnieren und schickte es nach Deutschland, wo es in dem Museum zu Bremen ausgestellt ist.

Leider hat das Fell auf der Reise stark gelitten, so daß das schöne und große Exemplar um ein Stück verkürzt werden mußte.

Skizzen aus der Handelswelt.
Von Friedrich J. Pajeken.

Unter den verschiedenen Orten am Orinoko nimmt Ciudad Bolivar durch seine günstige Lage für die Vermittelung des Export- und Importhandels den ersten Platz ein. Das Geschäft befindet sich beinahe ausschließlich in deutschen Händen, von denen Hamburger und Bremer Häuser die Mehrzahl bilden. Der Export besteht in Baumwolle, Taback, Cacao, Kaffee hauptsächlich aus dem ackerbauenden Staate Zamora, (früher Provinz Varinas), Rinderhäuten, Reh- und Jaguarfellen, verschiedenen Droguen, wie Simaruba, Copaibalsam und Tonkabohnen aus Guayana, sowie Kautschuck vom Rio Negro. Dahingegen wird alles, was zu den Bedürfnissen des menschlichen Lebens gehört, importiert. Wohl kaum kann ein Handelshaus in Ciudad Bolivar betreffs seiner Auswahl in Verkaufsgegenständen mit irgend welchen Geschäften deutscher Städte verglichen werden, da solche Häuser sich doch immer nur auf gewisse Artikel beschränken. In einem Geschäfte dieser Stadt kann man eben alles und jedes kaufen, und da immer neben dem Engroshandel auch ein Detailhandel besteht, so werden die Manufakturwaren auch pro vara (venezuelanische Elle = 84 cm), die Spirituosen und Weine flaschenweise, die Eisenwaaren per Pfund oder Stück u. s. w. abgegeben.

Der Auftrag eines größeren Kunden von San Fernando oder Nutrias, Städte am Orinoko und Apure, erstreckt sich z. B. auf folgende Artikel: amerikanisches Schmalz in Blechbüchsen, Schmiede- und Drahtnägel in Tönnchen, Kattun, Rotwein, Weißwein, Sherry, Madeira, Genever, Sprit, Liqueure, Fächer, Nadeln, Reis in Tonnen, Angeln, Zucker in Hüten, Blöcken und Stücken, Sporen, Knöpfe, Harz, Ketten, Leinen, Schirting, eiserne Kessel, Tuch, Schlösser, wollene und leinene Hemden, Pökelfleisch, farbige, seidene Kleider, Bier in Kisten, Leuchter, Lampen, Bänder in allen Sorten, eingemachte Früchte und Eßwaren, Hängematten, Messer und Gabeln, Federmesser, Löffel, Lackleder, Sohlenleder, Salz, Glasperlen, Fingerhüte, Spitzen von Zwirn und Seide, Besen, Spiegel, Nudeln, Taue, Fischschnüre, Gummi arabicum, Äxte, Mehl in Tonnen, Nähgarn, Seife, Schinken, Petroleum in Blechkannen, Bleistifte, Butter, seidene Kleiderstoffe, Spaten, Strümpfe, Tischlerwerkzeuge, Stahlfedern, Nähmaschinen, Papier, Geschäftsbücher, Stühle, Regenschirme, Kämme, Bürsten, Plätteisen, Straußenfedern, Cigarren, Kautaback, Herren- und Damenhüte, Porcellan, Steingut, Pomade, Parfümerien, Zwiebeln, Knoblauch, Pulver, Flinten, Revolver, Lichte, Herren- und Damenwäsche, Pfeffer-, Glaswaaren u. s. w. — Denke man sich eine Manufactur-

und Kurzwarenhandlung, Krämerei, Modewarenhandlung, Eisenwarenhandlung, Weinhandlung und Papierhandlung zu einem Geschäfte vereinigt, so kann man sich ein Bild machen, wieviel Verkaufsartikel in einem einzigen Geschäfte Ciudad Bolivars vorhanden sind, und wie groß die Lagerräume sein müssen, um alle diese Gegenstände aufzubewahren. Dabei ist es außerdem nötig, diese gegen die alles zerstörenden Comichenen (ein Wurm, der aus der Erde kommt und sich überall durchfrißt), und Ameisen zu schützen. Alle Waren liegen auf Böcken und Reolen, deren Füße in Behältern stehen, welche stets mit Petroleum angefüllt sind. In einem Geschäfte wurde es einst vergessen, die Behälter eines Bockes zu füllen, auf welchem Kisten mit Leinen standen. Vierzehn Tage nachher hatten sich die Comichenen durch drei Kisten und deren Inhalt in unzähligen Gängen durchgefressen, so daß sämmtliches Leinen vollständig wertlos war. Diejenigen Waren, welche die Motten anzugreifen pflegen, werden mit Pfeffer bestreut aufbewahrt. In diesem insectenreichen Lande bleiben selbst die Cigarren nicht verschont. Der einzige Schutz dagegen ist der, dieselben so rasch wie möglich aufzurauchen.

Das Lager befindet sich in den hinteren oder oberen Räumen des Geschäftshauses, von wo die Artikel des Engroshandels direct verladen werden. Dort bringt man auch die Produkte des Landes bis zu ihrer Verschiffung nach Deutschland und Nordamerika unter. Die Häute und Felle werden in einer besonderen Abteilung vergiftet und für den Transport verpackt. Das Detailgeschäft nimmt den vorderen Raum des Hauses ein. Drei bis vier neben einander liegende Thüren führen von der Straße vor einen langen Ladentisch, hinter dem an belebten Tagen mehrere Verkäufer vom Morgen bis zum Abend alle Hände voll zu thun haben, um den Wünschen der mannichfaltigsten Kundschaft nachzukommen. Sehr mangelhaft bekleidete Indianer mit ihren, manches Mal beinahe ganz nackten Weibern sieht man hier neben den Damen der feinen Welt, welche gewöhnlich in der kühleren Tageszeit, morgens und abends, ihre Einkäufe besorgen. Männer, Frauen, erwachsene Mädchen und Burschen von der verschiedensten Hautfarbe gehen aus und ein. Nackte Kinder, nur mit einem großen breitrandigen Hut aus Holzspähnen auf dem schwarzhaarigen Kopf oder mit einem kurzen Hembdchen angethan, fordern diese und jene Kleinigkeit. Alle wollen zuvorkommend bedient sein, und mit den oft sehr hübschen, groß und dunkeläugigen Mädchen muß gescherzt und gelacht werden, sonst sind sie nicht zufrieden und suchen künftig ein anderes Haus auf, wo der Verkäufer ihnen besser gefällt und es besser versteht, sie zu unterhalten, während sie die Ware prüfen. Auch zu Pferde, Esel oder Maultier kommen die Kunden, und wenn sie nur Kleinigkeiten wünschen, steigen sie nicht erst ab, sondern reiten direct vor den Ladentisch, was jedoch von den Verkäufern sehr ungern gesehen wird. Eine Eigentümlichkeit im Detailhandel ist die Niapa (Zugabe), welche jeder Käufer verlangt. Meistens besteht dieselbe in einer Rolle Nähgarn, bei größeren Einkäufen giebt es ein Paar Strümpfe, ein Taschentuch oder dergleichen. Neben dem Detailgeschäft, gewöhnlich in demselben Raum, befindet sich das Contor, wo die Chefs und eine Anzahl Commis die schriftlichen Arbeiten erledigen.

Vor Jahren hat man am Orinoko ein glänzendes Geschäft gemacht, und die Bremer und Hamburger Kaufleute pflegten ihre Häuser in Ciudad Bolivar „milchende Kühe" zu nennen. Mit der Zeit ist das Geschäft, hauptsächlich wohl durch die fortwährenden politischen Unruhen im Lande, schlechter geworden. Die Creditverhältnisse lassen viel zu wünschen übrig und erschweren den deutschen Häusern, welche nicht über ein hinreichend großes Kapital zu verfügen haben, das Geschäft ungemein. Meistens wird mit einem Ziel von zehn bis zwölf Monaten verkauft, besonders nach den am oberen Orinoko liegenden Orten. Fällt nun die Ernte einmal schlecht aus, und kann der Käufer mit den Produkten sein Konto nicht ausgleichen, so wird das Ziel auch verlängert und sogar oft noch ein neuer Credit eingeräumt, um dadurch die Zahlung der ersten Schuld zu erleichtern. Kleinere Kaufleute pflegen zu zahlen, wenn sie nach unbestimmter Zeit ihre Waren untergebracht haben und wieder nach der Stadt kommen, um von neuem etwas einzuhandeln. Ein gerichtliches Belangen der zahlungsunfähigen oder faulen Kunden ist kaum auszuführen und von keinem Erfolg. Stirbt nun ein Kunde, so ist das mehr oder weniger gleichlautend mit dem Verlust der vorhandenen Schuld. Hier ein Beispiel: Der Besitzer einer der ersten Kaffeeplantagen und Geschäftshäuser in San Fernando, der bei den meisten Firmen Ciudad Bolivars seit vielen Jahren einen bedeutenden Credit genoß und als gewissenhafter Zahler allgemein bekannt war, stürzte mit seinem Pferde und starb. Trotzdem er bereits den Häusern in der Stadt brieflich mitgeteilt hatte, daß mit den in wenigen Wochen fahrenden Dampfern ein hinreichendes Quantum Kaffee verschifft werden würde, um die Forderungen zu decken, war mit dem ersten Dampfer, welcher die Todesnachricht des Mannes überbrachte, kein Sack verladen. Die Kaufleute Ciudad Bolivars schickten nun sofort einen Abgesandten nach San Fernando. Bei dessen Ankunft wurde diesem nur ein altes Haus und darin etwa zehn Sack schlechter Kaffee als Nachlaß des Verstorbenen gezeigt. Wahrscheinlich hatten die Verwandten des Dahingeschiedenen dafür gesorgt, daß nichts mehr als dieser Rest vorhanden war, und alle Mühe war vergeblich, den Verbleib der großen Kaffeequantitäten, welche den Gläubigern angekündigt waren, bestimmt nachzuweisen.

Unter solchen Verhältnissen könnte es mit dem allgemeinen Geschäft nicht sehr vortheilhaft aussehen, wenn der Verdienst an den einzelnen Artikeln nicht hoch wäre. Dabei spielt das Delcredereconto in den Büchern eine Hauptrolle, dem bei jährlichem Abschluß ein bedeutender Prozentsatz gutgeschrieben wird. Außerdem muß man den zweifachen Gewinn bedenken, welchen man durch den Ausgleich der Forderungen zum Teil mit Produkten des Landes erhält. Nachdem an den verschiedenen Artikeln bereits verdient wurde, werfen die Produkte einen neuen Gewinn ab. Unter diesen waren bis vor Kurzem die Tonkabohnen am meisten nutzbringend. (Jetzt besitzt ein Haus in Ciudad Bolivar das Monopol des Einkaufs). Die Tonkabohne kommt hart und rotbraun in die Hände der Kaufleute von Ciudad Bolivar und wird, bevor man sie in den Handel bringt, präpariert, was folgendermaßen geschieht: Zuerst werden die Bohnen in starkem Rum gewaschen und eineingeweicht, dann in Tonnen 24 bis 30 Stunden möglichst dicht gepreßt, bis die Bohnen eine schwarze Färbung annehmen, worauf man sie in der Luft zum Abtrocknen ausbreitet. Sie überziehen sich dann mit einem weißen, zuckerartigen Krystall, und nun erst werden sie in Kisten verpackt und zum Export verladen. Ein flottes Geschäft wird nach den etwa fünf Tagereisen zu Pferde von der Stadt entfernten Goldminendistrikten betrieben. Das von dort kommende Gold wird hauptsächlich nach England und Nordamerika gesandt. Die Ausfuhr beträgt jährlich etwa 80000 Unzen.

In Ciudad Bolivar beginnt die Geschäftszeit um $6^1/_2$ Uhr morgens. Schon um 7 Uhr befindet sich alles in voller Thätigkeit. Im Detailgeschäft erscheinen die Kunden. Im Lager wird gepackt, Wein abgezogen, Rum bereitet, Reis abgewogen, und fortgeschickt, was verladen werden muß. An den Tagen, wo der Dampfer von Port of Spain, Trinidad, angekommen ist, welcher zweimal monatlich fährt, werden die Waren in Empfang genommen, ausgepackt und im Lager an den für sie bestimmten Plätzen untergebracht. — Während der Regenzeit giebt es doppelte Arbeit. In diesen Monaten besteht ebenfalls mit den Orten am oberen Orinoko eine regelmäßige Verbindung durch Dampfer, welche, mit Produkten beladen, den Strom herabkommen. Diese müssen dann klassifiziert und für den Versand vorbereitet werden. Gleichzeitig sind die vielen Aufträge zu erledigen, bevor der Dampfer seine Reise stromaufwärts wieder antritt. Um 11 Uhr mittags nimmt man die erste warme Mahlzeit ein, und die Geschäftshäuser werden geschlossen. Doch schon um 12 Uhr beginnt die Arbeit aufs neue und ohne Unterbrechung wird nun weiter geschafft bis um 5 Uhr nachmittags. Dann kommt nach dem Hauptmahl um 6 Uhr die Zeit der Erholung.

Der Commis hat sich — auch wenn er speziell für das Contor engagiert wurde — den verschiedensten Arbeiten zu unterwerfen. Da, wo gerade eine Kraft gebraucht wird, muß er eingreifen, sei es beim Kaffeeaufstapeln, Weinabziehen, Verpacken der Waren oder im Detailgeschäft. Neben seinen Kenntnissen wird auch die Kraft seiner Arme benutzt, und vorteilhaft ist es für jeden jungen Mann, wenn er lernte, diese ebenfalls zu gebrauchen, falls er seinen Platz in einem solchen oder in ähnlichen Häusern, wie sie überall in vielen Städten der Tropen vorhanden sind, zur Zufriedenheit seiner Chefs ausfüllen will. Bei der vom Morgen bis zum Abend herrschenden Wärme, durchschnittlich 30º Reaumur (im Schatten natürlich), rinnt der Schweiß selbst während einer ruhigen Tätigkeit am Schreibpult ununterbrochen von der Stirn. Eine körperliche Anstrengung treibt denselben in Strömen hervor, was einem gesunden Menschen jedoch eher zuträglich als nachteilig sein dürfte. So lange der Körper regelrecht transpirirt, ist der Mensch gesund; das Klimafieber, (Calentura) welches mehr oder weniger ein jeder einmal durchzumachen hat, und das nicht ungefährlich ist, treibt den Schweiß zurück und muß dann alles aufgeboten werden, um denselben wieder hervorzubringen. Wird ein Commis ernstlich krank, so wird er gewöhnlich im Hause eines seiner verheirateten Chefs gepflegt. Hauptsächlich erwarb sich eine Dame, welche die Stadt leider verließ, nachdem ihr Mann starb, durch die pflichtgetreue, aufopfernde Pflege der jungen Leute des Geschäfts, an dem ihr Gatte be=

teiligt war, die größte Verehrung sämmtlicher in Ciudad Bolivar lebenden Deutschen. Gerade beim Fieber kommt es darauf an, daß der Kranke sorgsam behandelt wird. Eine Vernachlässigung kann oft mit rasender Geschwindigkeit den Tod herbeiführen, und manche haben ihr Leben eingebüßt, weil ihnen eine pflichtgetreue Pflege fehlte.

Ich erinnere mich eines Falls, welcher beweist, wie rasch auch das Fieber einen Menschen hinwegzuraffen vermag. Ein junger, kräftiger Mann kam nach Ciudad Bolivar. Vierzehn Tage nach seiner Ankunft ritt ich mit ihm eines Sonntags Morgens eine Stunde spazieren, um ihn mit der Umgebung der Stadt bekannt zu machen. Bei unserer Rückkehr besuchten wir den einfachen Kirchhof der Deutschen, welcher unmittelbar neben dem prunkvollen, noch aus der spanischen Zeit stammenden Kirchhof der Katholiken liegt. Während des ganzen Morgens heiter und vergnügt, klagte der junge Mann nachmittags über Kopfschmerzen. Abends um 8 Uhr fand ihn einer seiner Collegen auf seinem Lager tot. Am anderen Morgen trugen wir seine Leiche zum Kirchhof, welchen er am Tage vorher in voller Lebenskraft besucht hatte. Der großen Wärme wegen müssen die Toten innerhalb 12 Stunden beerdigt werden.

Die Chefs verkehren mit ihren Commis in der kollegialsten Weise, wodurch diesen die Arbeit erleichtert und angenehm gemacht wird. Ausnahmen kommen vor, doch gehören sie zu den Seltenheiten. Im Verhältnis zu der anstrengenden Arbeit in dem gerade nicht ungesunden, aber auf die Dauer dem Körper nicht zuträglichen Klima, sind die Gehalte in den ersten drei Jahren klein und reichen eben aus, um den Unterhalt zu bestreiten. Die Commis werden bei freier Kost und freiem Logis engagiert, doch besteht letzteres gewöhnlich nur aus einem leeren Zimmer, in welchem man sich für eigene Rechnung einzurichten hat. Diese Einrichtung wird in der ersten Zeit auf die notwendigsten Gegenstände beschränkt. Eine Hängematte ersetzt das Bett und ist, wenn man sich daran gewöhnt hat, angenehmer und kühler als dasselbe. Tische und Stühle werden durch große und kleine Kisten ersetzt. Der mitgebrachte Koffer vertritt Kommode und Schrank zugleich. Nach und nach werden von fortgehenden Deutschen einzelne Möbeln angekauft, wodurch oft eine wunderbare Zusammenstellung des Mobiliars entsteht. Abends versammeln sich die Deutschen gewöhnlich im Club, einem Local, welches durch einen monatlichen Beitrag erhalten wird. Zwei Billards und eine kleine Bibliothek befinden sich dort. Hauptsächlich ist es jedoch das Skatspiel, mit dem sich die meisten zu unterhalten suchen, und eifrig wird dasselbe von Jung und Alt betrieben. Dabei genießt man Rum mit Selterwasser, und diejenigen, welche über eine größere Kasse zu verfügen haben, kaufen sich für den Preis von 3 Real (1 M. 20 Pfg.) eine halbe Flasche Bier. Da es, als ich in Ciudad Bolivar war, dort nur an den Tagen Eis gab, wenn der Dampfer von Trinidad angekommen war, so behalf man sich in einer originellen Weise, das stets warme Bier durch Abkühlung genußreicher zu machen. Die Flaschen wurden in nassen wollenen Strümpfen im Zugwinde aufgehängt. Durch die Verdunstung des Wassers entsteht eine gewisse Kälte, so daß man sich nachher wenigstens den Begriff eines kühlen Trunkes machen konnte.

Der Deutsche ist auf den Club angewiesen, um sich abends Unterhaltung zu schaffen, wenn er es nicht vorzieht, sich in die verschiedenen venezulanischen und wenigen deutschen Familien einführen zu lassen, welche den Fremden stets die freundlichste Aufnahme gewähren. In diesem Falle bringt ihm das Leben während seiner Erholungsstunden eine größere Abwechselung, denn hier und dort wird ein Ball oder eine Gesellschaft gegeben, wobei er nicht fehlen darf. Abends zwischen 7 und 10 Uhr zur Hauptbesuchszeit ist er in den Familien immer willkommen und rasch vergehen die Stunden bei Musik, Gesang und heiterem Geplauder mit den Damen. Andere Vergnügungen bietet die Stadt nicht. Concerte werden sehr vereinzelt von einigen musiktreibenden Damen und Herren gewöhnlich für einen wohltätigen Zweck veranstaltet, und eine Theater-Gesellschaft verirrt sich sehr selten nach Ciudad Bolivar.

Verschiedene Familien besitzen Landhäuser, sog. Marichales, in der Umgegend der Stadt, wo sie während der trockenen Jahreszeit zu wohnen pflegen. Am Sonntag Morgen sind diese Morichales beliebte Ausflugspunkte für die Deutschen. Zu Pferde, Maultier, Esel, auch zu Fuß pilgert alles hinaus, um ein paar vergnügte Stunden, umgeben von der herrlichsten Tropenvegetation, zu erleben. Auch eine Kegelbahn besaßen die deutschen Kaufleute einst, welche sie auf einem Morichal in der Nähe der Stadt hatten anlegen lassen, doch schlief die Liebhaberei dafür bald wieder ein, wahrscheinlich gab die schon genügend anstrengende Arbeit im Geschäft die Veranlassung dazu. Interessant war es, die erstaunten Gesichter der zuschauenden, im allgemeinen schmächtigen venezuelanischen Herren zu beobachten, wenn die schwere Kugel, von den Spielenden mit voller Kraft geworfen, rasch über die lange Bahn dahinrollte und dann krachend zwischen die Kegel schlug.

In den größeren Orten am oberen Orinoko, z. B. San Fernando oder in Nutrias am Apure herrscht ein ähnliches Leben, nur wird das Geschäft selbstverständlich in bedeutend kleinerem Maßstabe betrieben. Auch befinden sich dort nur wenig Deutsche. — Einen größeren Verkehr erhalten die Städte, wenn die Dampfer in der Regenzeit (von Juli bis September) eine leichtere Verbindung mit Ciudad Bolivar ermöglichen. In der übrigen Zeit werden die Passagiere und Waren durch Lanchas (große flache Fahrzeuge mit einem hohen Mast) befördert. — Stromaufwärts benutzen dieselben den Wind, und dann nimmt die Reise oft mehrere Wochen in Anspruch. Stromabwärts werden die Lanchas durch mächtige Ruder weiterbewegt. Der Transport nach den Goldminen geschieht durch Packesel und große, mit 6 bis 8 Ochsen bespannte Karren entweder direkt von Ciudad Bolivar, oder von Puerto de Tablas, einem Hafenplatz, der etwa 10 Meilen unterhalb der Stadt liegt, und nach welchem die Waren vermittelst Balandras, eine Art Kähne, gesandt werden.

Wie ich schon erwähnte, haben die politischen Unruhen im Lande das Geschäft im Laufe der Jahre verschlechtert. Eine Revolution in Ciudad Bolivar gehört nicht zu den Seltenheiten; doch ist dieselbe gewöhnlich nur von kurzer Dauer und verläuft in den meisten Fällen ohne Blutvergießen. „Revolution!" ertönt es plötzlich durch die Straßen. Reiter mit blauer oder gelber Schärpe, — die Abzeichen der beiden feindlichen Parteien, — jagen hin und her. Das Volk rennt und flüchtet schreiend in die Wohnungen. Die Geschäfte werden geschlossen, und alles befindet sich in der größten Aufregung. Das Militär besetzt die Ausgänge der Straßen und läßt keinen Menschen passieren, und nun wird der neue Präsident, irgend ein Emporkömmling, proclamiert. Derselbe erklärt die Unabhängigkeit Guayanas, übergiebt seinen Freunden die verschiedenen Ämter, ernennt Generäle und unterschreibt beim Buchdrucker angefertigte Kassenscheine, welche man dann mit Gewalt unter die Leute zu bringen versucht. — Gebraucht der Präsident Soldaten, so wird der Arbeiter aus seiner Wohnung geholt und ihm die Muskete aufgedrängt. Entweder rafft sich die besiegte Partei auf und jagt den neuen Präsidenten und seine Anhänger wieder zum Tempel hinaus, oder es erscheint eines Tages, von der Präsidentschaft in Venezuela abgesandt, welche in Caracas ihren Sitz hat, ein Kriegsschiff vor der Stadt, worauf der frischgebackene Herrscher mit seinen Freunden schleunigst abdankt, der von der Regierung bestimmte Präsident seinen Platz wieder einnimmt, und die frühere Ruhe wieder hergestellt ist.

Derartige Unruhen, mögen sie noch so geringfügig sein, bringen in den Handel doch immer eine Stockung. Das Volk ist eingeschüchtert, die rechte Kauflust fehlt, und Wochen vergehen, bis alles wieder seinen alten Gang geht. Wer sich abends während einer solchen Revolution außerhalb der Stadt verspätet hat, für den wird es schwer, wieder an seine Wohnung zu gelangen. Mir begegnete einst folgender Fall: Ungeachtet der Unruhen in Ciudad Bolivar hatte ich eines Nachmittags einen Spazierritt in die Umgegend unternommen, und als ich nach Sonnenuntergang zurückkehrte, tönte mir an sämmtlichen Straßen, durch die ich in die Stadt reiten wollte, schon von weitem das „à la espalda!" („Zurück!") der dort aufgestellten Posten entgegen. — Vergeblich rief ich den Soldaten zu, daß ich nach meiner Wohnung wolle, welche sich in der Nähe des Hafens befand. Sie erhoben ohne weiteres ihre Büchsen zum Anschlag, und ich zog es vor, mich zu entfernen, da die Leute, des Zielens unkundig, auf gut Glück schießen, und daher zufällig auch treffen können. — Endlich kam mir ein Gedanke. Ich riß aus meinem Notizbuch ein Blatt Papier, schrieb einige lateinische Worte darauf und ritt damit kühn auf den nächsten Posten zu. — Sobald ich angeschrien wurde, rief ich laut: „Una receta para la botica!" („Ein Recept für die Apotheke!"), und „pase!" („Passiert!") kam es als Erwiderung zurück. — In dieser Weise ging es von Straße zu Straße. — Ein Offizier nahm mir sogar das Papier ab; nachdem er dasselbe jedoch mit wichtiger Miene betrachtet hatte, erhielt ich es mit einem: „està bueno!" („Es ist gut!") wieder zurück, und glücklich erreichte ich meine Behausung.

Auf sehr einfache Art veräußern die Herren in Ciudad Bolivar ihr Pferd, Maultier oder ihren Esel, und zwar indem sie eine rifa (Verloosung) veranstalten. Hat das Tier einen Wert von 40 Fuertes, (1 Fuerte = 4 M.), so werden, da man doch ein Geschäft dabei machen muß, 50 Loose zu einem Fuerte per Stück bei Freunden und Bekannten untergebracht. Ist dieses geschehen, wird gewürfelt, und der höchste Wurf gewinnt. In dieser Weise pflegt es das Volk auch mit Gegenständen zu machen, welche ihres hoher Wertes wegen schwer unterzubringen sind. So gewann ich z. B. einst eine Spieluhr, die ich später an einen Kaufmann in den Goldminen wieder für 40 Fuertes verkaufte.

Der Marktplatz in Ciudad Bolivar, welcher auf einer felsigen Landzunge gerade vor der Stadt liegt, bietet mit seinem geschäftigen Treiben in den Morgenstunden ebenfalls das Bild einer kleinen Handelswelt. Der viereckige, große, gepflasterte Raum ist nach den drei Wasserseiten mit steinernen, nach außen geschlossenen Säulengängen umgeben. Ein eisernes Gitter, in welchem ein paar Thüren angebracht sind, bildet die vierte Seite. Schon in der Nacht beginnt es sich auf dem Platze zu regen, und wenn nicht der Mond mit seinem, beinahe tageshellen Licht am Himmel steht, so wird bei Fackel und Laternenschein gearbeitet. Die Schlachter sind die ersten, welche den Markt besuchen. Die ihre Ware rasch verderbende Hitze des Tages zwingt sie, in den Nachtstunden tätig zu sein. Gegen Mitternacht wird daher außerhalb der Stadt geschlachtet und das Fleisch dann durch Packesel nach Ciudad Bolivar geschafft.

Etwa eine Stunde vor Sonnenaufgang wird es lebhafter auf dem Platze. Männer, Weiber und Mädchen kommen mit Eiern, Kräutern, Casabe (eine Art Brod, welches aus der Jucawurzel bereitet wird), allerlei Früchten, wie Mangos, Bananen, Ananas, Merais, sowie mit Hühnern, Putern und dergleichen mehr, und lassen sich mit ihren Sachen unter den Säulengängen nieder. Auch erscheint die Kundschaft schon hier und dort, und wenn am östlichen Horizont die Strahlen der aufsteigenden Sonne den jungen Tag verkünden, herrscht bereits ein lautes, bewegtes Leben auf dem Platze. Ueberall wird gehandelt und gefeilscht, und dazwischen erschallt das heitere Lachen der hübschen, dunkelfarbigen Dirnen, mit denen die Burschen ihre oft etwas derben Späße treiben; aber an derartige Neckereien und Scherze sind jene gewöhnt, und selten zeigt sich darüber ein entrüstetes Gesicht. Auf dem Gitter sitzen blau und rot gefiederte Araras und grüne, große und kleine Papageien, welche man in die Stadt brachte, um sie an die Kapitäne der im Hafen ankernden amerikanischen und deutschen Schiffe zu verkaufen. Das Gekrächze, Geschrei und Pfeifen der Vögel mischt sich in Stimmengewirr der Menschen und vergrößert den allgemeinen Lärm.

Um 10 Uhr wird sämmtliches Fleisch, das nicht verkauft wurde, mit Beschlag belegt und hinter dem Markt an den Strom auf die Felsblöcke geworfen. Gierig stürzt eine große Anzahl schwarzer Aasvögel (Zamuros) darüber her, welche auf den Mauern der Säulengänge diesen Augenblick erwarten.

Je höher die Sonne steigt, desto stiller und leerer wird es auf dem Platze, und gegen Mittag ist dort kaum noch ein Mensch zu sehen. Hier hat der Handel ein Ende. Aber in der Stadt macht die drückende Hitze keinen Einfluß auf die Handelswelt; dort wird eifrig weitergeschafft, bis der Tag sich seinem Ende neigt, und der Abend Ruhe und Erholung gebietet, um neue Kräfte zu sammeln für den folgenden Tag.

Eine Tigerjagd.

Mein Freund, Don Vacundo Vidal, allgemein in Ciudad Bolivar der „Karaïbe Vidal" genannt, da er von den Karaïbenindianern abstammte, war etwa zwei Meter groß. Im Verhältnis zur Länge war auch sein Körper überaus kräftig gebaut, und wenn ich ihn sein mutiges Roß tummeln sah, welches ebenfalls eine ungewöhnliche Größe und Stärke hatte, mußte ich unwillkürlich an die Heldengestalten unserer alten Germanen denken, nur daß des Karaïben Hautfarbe nicht weiß, sondern braun war, und seinen Scheitel anstatt rotblonder Locken tiefschwarze, glatte Haare bedeckten. Sein Reichtum verschaffte ihm großes Ansehen unter dem Volke, und wegen seines immer freundlichen, zuvorkommenden Wesens schätzte ihn auch jedermann.

Vidal's Hauptgeschäft war Viehzucht. Er besaß mehrere Tausend Stück Vieh, welches halb verwildert auf den unabsehbaren Grassteppen oder Savannen umherlief. Etwa sechzig englische Meilen von der Stadt ent=

fernt lag sein Hato.*) Dort wohnte seine Familie und eine Anzahl Knechte.

Mein Freund kannte meine Leidenschaft für das edle Weidwerk. Als ich ihm einst erzählte, daß sich mir in der Nähe der Stadt leider nur Gelegenheit böte, Papageien, Tauben und andere Vögel zu schießen und ich eine unbeschreibliche Sehnsucht hätte, auch einmal ein größeres Thier zu erlegen, versprach er mir, für eine Jagdbeute zu sorgen, mit der ich wohl zufrieden sein könnte, und er hielt Wort. Eines Morgens sandte er mir einen seiner Peones (Knechte) mit der Aufforderung, ihn in einigen Tagen nach seiner Besitzung zu begleiten, wo in der letzten Zeit wieder mehrere Tiger**) unter dem Jungvieh Verheerungen angerichtet hätten.

Wer war froher als ich! Vidal kam, um mich abzuholen; und mit allem Nötigen für die mir bevorstehende interessante Jagd ausgerüstet, verließen wir beide am nächsten Morgen bei Tagesgrauen die Stadt.

Mir war von meinem Freunde ein Macho***) zuerteilt, welcher mit seinem großen, schweren Pferde gleichen Schritt hielt und dabei eine so leichte Gangart hatte, daß ich bequem wie auf einem Stuhle saß, wodurch mir der ungewohnt lange Ritt durchaus nicht unangenehm wurde.

Beinahe ununterbrochen führte der Weg über weite

---

*) Ansiedelung der Viehzüchter.

**) Der südamerikanische Tiger ist in der Naturgeschichte unter der Bezeichnung Unze oder Jaguar bekannt. Der letztere Name stammt aus der Sprache der Guaranos=Indianer, welche das Tier Jaguarete (Körper des Hundes) nennen.

***) Männliches Maultier.

Steppen, auf denen nur vereinzelt ein Busch oder Baum stand. Mit jeder Stunde sandte die Sonne ihre senkrechten Strahlen glühender auf uns hernieder, und erleichtert atmeten wir auf, wenn uns von Zeit zu Zeit dichter Urwald umgab oder uns ein größerer Palmenhain Schatten bot.

Als gegen Mittag die Hitze gar zu unerträglich wurde, rasteten wir mehrere Stunden am Ufer eines Baches unter einigen großen Bäumen; dann ging es weiter, bis wir abends eine kleine Anpflanzung erreichten, wo wir Nachtquartier machten. Früh am anderen Morgen setzten wir dann unsere Reise fort, und langten eine Stunde vor Sonnenuntergang bei dem Hato Don Vacundas an.

Von einer Anzahl hoher, mit Früchten beladener Mangobäume beschattet, standen auf einem kleinen Hügel sechs Hütten. Alle waren mit Dächern aus Palmwedeln versehen, unter denen acht und mehr Pfähle im Quadrat durch Lehmwände miteinander verbunden waren, wodurch neben einem offenen Teil der Hütte ein geschlossener Raum gebildet wurde, welcher durch eine schmale Thüröffnung und durch ein kleines vergittertes Fenster Licht und Luft erhielt. Eine Bananen-, Kokos- und Yucca-Anpflanzung zog sich, von einer hohen Kaktushecke umgeben, an einem Bache entlang, dessen krystallklares Wasser zwischen den von Schlinggewächsen überwucherten Ufern plätschernd dahineilte.

Mehrere Peones kamen uns, begleitet von einer bellenden Rotte mittelgroßer, kurzhaariger Hunde, entgegen. Aus den Hütten traten Frauen, Mädchen und Kinder, von denen ich mit sichtlicher Neugier angestarrt wurde. Selten kam wohl ein vollständig Weißer in diese abgelegene Gegend.

Nachdem wir aus dem Sattel gestiegen waren, stellte mich der Karaïber seiner Frau, einem jungen, schlankgewachsenen Weibe mit großen, schwarzen Augen, sowie zweien erwachsenen Mädchen, Töchtern von seiner ersten Frau, vor und führte mich dann zu der größten, von ihm und seiner Familie bewohnten Hütte, indem er mich bat, es mir bequem zu machen und sein Eigentum ganz als das meine zu betrachten.

Von dem Hügel aus hatte man nach allen Seiten einen Blick über die unendliche Grasfläche, welche im Süden und Norden von dünnen Urwäldern begrenzt wurde. Am westlichen Horizont stand die Sonne wie ein mächtiger glühender Feuerball, und ihre bis zum Zenith emporschießenden Strahlen übergossen den Himmel und die weite Savanne mit purpurnem Schimmer. In den Bäumen flog krächzend und schreiend eine Schaar Loritos*) von Zweig zu Zweig. Ein Pfeifen und Flöten anderer Vögel, ein Schnarren, Zirpen und Rasseln der Insekten tönte von der Anpflanzung her, und fern aus der Steppe schallte das Gebrüll der Stiere herüber.

Vor den Hütten wurden jetzt mehrere Feuer angezündet, an denen die Frauen und Mädchen die Abendmahlzeit zu bereiten begannen. Don Vacundo hatte mich verlassen, um seinen Knechten Anordnungen bezüglich unserer, für den nächsten Tag geplanten Jagd zu geben. Unterdessen versuchte ich, mich durch einige kleine Geschenke,

---

*) Kleine, grüne Papageien.

Perlen, Ketten, Bänder und dergleichen, mit den zahlreich vorhandenen Kindern zu befreunden, von denen die Jüngeren ganz nackt, die Aelteren nur notdürftig bekleidet waren. Bald umdrängten sie mich jubelnd und kreischend, während ich mit ihnen scherzte, bis die Sonne versank und es dann rasch zunehmend dunkel wurde.

In Gemeinschaft mit dem Karaïben und seiner Familie nahm ich die Abendmahlzeit ein. Sie bestand aus einer Art Gemüsesuppe, dem „Saucoche" genannten National= gericht Venezuealas, das mir vortrefflich mundete. Da wir beabsichtigten, am nächsten Morgen früh zur Jagd aufzubrechen, und der andauerde Ritt mich ermüdet hatte, verfügte ich mich bald in meine Hängematte, welche meinem Wunsche gemäß in dem offenen Teil der Hütte befestigt worden war. Ein leichter, östlicher Wind brachte eine erfrischende Kühle und nach dem heißen Tage, und fest in meine wollene Decke gehüllt, schlief ich ein.

Noch vor Tagesanbruch wurde ich von meinem Freunde geweckt. Der Morgenimbiß, gebratene Bananen, Kaffee und Cassabebrod**), erwartete mich bereits; auch hatten die Knechte schon mehrere Pferde gesattelt, welche, ungeduldig mit den Vorderhufen scharrend, an einem Pfeiler der Hütte angebunden waren.

Nachdem wir uns gestärkt hatten, bestiegen Vidal und ich, sowie zwei Knechte die Gäule. Laut bellend sprangen die Hunde an uns empor. Durch das ihnen wiederholt zugerufene Wort „tigre!" schienen sie zu wissen, um was es sich heute handelte.

---

*) Aus der Wurzel der bitteren Yucca hergestellt.

Langsam ritten wir in der Richtang nach Norden davon. Uns vorauf schritt ein kräftig gebauter, bis auf einen Schurz aus blauem Stoff nackter Indianer, welcher eine etwa 2 $\frac{1}{2}$ Meter lange Lanze auf der Schulter trug. Mehrere Knechte folgten uns mit unseren Büchsen, dem übrigen Jagdgerät, einigem Eßvorrat und Getränken.

Noch glitzerten die Sterne am nächtlichen Himmel, und erst eine Stunde nach unserem Aufbruch zeigte sich im fernen Osten ein lichter Schein, dessen Ausdehnung mit Blitzesschnelle zunahm. Plötzlich färbte sich der Himmel purpurrot. Die Sterne verschwanden. Wenige Minuten später tauchte die Sonne hinter einem violetten Dunstschleier am Horizont empor, und es war heller Tag. Eine halbe Stunde später erreichten wir den Rand des Urwaldes.

„Jetzt beginnt die Suche," sagte Don Vacundo, und von ihm und den Knechten wurde den Hunden abermals das Wort „tigre!" zugerufen.

Die Nase auf dem Boden, zerstreuten sich die Tiere nach allen Seiten. Langsam folgten wir. Bisweilen lichtete sich der Wald. Umgeben von gewaltigen Baum=riesen lag eine kleine Grasfläche oder ein mit langem Schilf und großblätterigen Farren umrahmter Wasser=spiegel, von dem die verschiedenartigsten Vögel bei unserem Erscheinen sich kreischend erhoben und von dannen flogen.

Der Indianer vor uns bemühte sich emsig, die eifrig suchenden Hunde beieinander zu halten. Einen jeden rief er bei Namen, und willig gehorchten ihm die Tiere. „Pedro, komm' hierher! — Agosto, nicht zu weit! — Wohin willst Du, Ines? -- Sei nicht faul, Hilario! —

So ist es gut, José! — Wo ist der Tiger? Ha! Wo mag er sein? — Vorwärts, Adolfo! — Bist Du toll geworden, Theresa? — Sieh' Dich vor, Juan! — Warte, Isabel! Ich werde Dir zeigen, was Deine Pflicht ist, alberne Hündin!" — So klang es unaufhörlich aus seinem Munde. Zwischendurch stieß er wieder sein mit Zischlauten begleitetes „tigre!" hervor, welches Wort die Hunde zu immer größerem Eifer anspornte.

Alles Suchen schien jedoch vergeblich zu sein. Mitunter spitzten die Hunde wohl die Ohren, als witterten sie etwas Verdächtiges: aber jedesmal schüttelte der Indianer den Kopf, und wieder begann er seine Unterhaltung mit den Tieren.

Je weiter wir kamen, desto felsiger wurde die Gegend. Mächtige, mit Moos und Schlinggewächsen überwucherte Steinblöcke lagen zwischen den vereinzelt stehenden Bäumen. Hohes Gras, holzartiges Strauchwerk bedeckte hier und dort den Untergrund.

Plötzlich blähte Don Vacundos Pferd die Nüstern, und an dem schön geformten, hoch emporgerichteten Kopf bewegten sich lebhaft die Ohren.

„Aha! Jetzt ist der Tiger nicht mehr fern," rief Vidal erfreut. „Mein Roß weiß es noch besser als die Hunde."

In demselben Augenblicke erhob sich unter diesen ein wütendes Gebell, und eilig stürzten alle vorwärts. Der Indianer folgte ihnen in behenden Sprüngen, bei denen er den Lanzenschaft als Stütze gebrauchte.

Rasch ritten wir nach; aber als wir jetzt der bellenden Meute wieder näher kamen, stutzten die Gäule und weigerten sich, dem Zügel und unseren Sporen zu gehorchen. Wir stiegen ab, und die Büchsen schußbereit in den Händen, ging es zu Fuß durch dichtes Gestrüpp weiter.

Immer näher klang das Gebell der Hunde; dazwischen hörte man deutlich die Stimme des Indianers. „Aha! So ist es brav, Theresa! — Vorwärts, José! Wer wird Furcht zeigen vor der Bestie? — Nicht zu dicht heran, Isabel! Willst Du Dich platt wie ein Cassabebrod schlagen lassen? — Prächtig, Hilario! Aha! tigre! tigre!"

Da teilte sich das Dickicht, und auf einer von Fels= blöcken und hohen Bäumen eingefaßten Fläche bot sich mir ein interessantes Schauspiel. Am Fuße einer schroffen Steinwand lag niedergekauert der Jaguar. Sein breiter Kopf ruhte auf den schweren Vordertatzen. Die funkeln= den Augen folgten jeder Bewegung der Hunde, welche heulend und bellend dicht vor ihrem Feinde hin und her sprangen. Kam dem Jaguar ein Hund zu nahe, dann fuhr er mit einer der Tatzen blitzschnell unter seinem Kopfe hervor; doch ebenso rasch wich auch der Hund dem Schlage aus.

Etwa fünfzehn Schritte war ich von der umringten Bestie entfernt, als Don Vacundo mich aufforderte, näher zu treten und zu schießen. Zögernd kam ich seinem Wunsche nach. Auf zehn Schritt Entfernung von dem Jaguar wollte ich die Büchse zum Anschlag bringen; doch der Indianer hinderte mich daran und zog mich am Arm noch weiter vor. Heiß und kalt lief es mir über den Rücken.

Jetzt stellte sich der Indianer neben mich und stemmte seine Lanze, die Spitze nach vorn geneigt, auf die Erde gegen seinen rechten Fuß, indem er mir hastig zuflüsterte:

„Schießt ihn in das Auge, Senor, und wenn Ihr mir einen Gefallen erweisen wollt, trefft."

Der Jaguar schien uns bislang noch nicht bemerkt zu haben. Er hatte auch genügend zu thun, sich die wütenden, immer toller auf ihn eindringenden Hunde vom Leibe zu halten.

Meine Hand zitterte, als ich die Büchse erhob. Mit Gewalt kämpfte ich meine erklärliche Aufregung nieder; genau nahm ich das linke Auge des Tieres auf's Korn und drückte ab.

Der Schuß krachte. Ein lautes, markerschütterndes Geheul erschallte. Gleichzeitig wurde ich durch einen kräftigen Stoß bei Seite und zu Boden geschleudert.

Als ich schnell wieder aufsprang, lag der Jaguar, mit den Tatzen um sich schlagend, auf dem Rücken, an der Stelle, wo ich soeben gestanden hatte. Die zweischneidige Lanze des Indianers steckte ihm tief im Leibe.

In dieser Weise wird der Jaguar überall im Lande erlegt. Sobald er von der Kugel getroffen wird, schnellt er aus seiner liegenden Stellung empor, setzt, seine letzten Kräfte sammelnd, über die Hunde hinweg auf seine Angreifer zu und springt so in die ihm vorgehaltene Lanze. Die Kaltblütigkeit und Geschicklichkeit, mit der die Indianer diese handhaben, ist bewunderungswert. Mißglückt es, den Jaguar aufzuspießen, und ist derselbe nicht tötlich verwundet, dann schweben der Schütze und der Indianer in der größten Lebensgefahr. Im Allgemeinen sind die Jaguare feiger Natur und belästigen einen Menschen nur, wenn sie ihn schlafend antreffen und sie der Hunger plagt. Verwundet kennt jedoch das Tier in seiner Wut keine Grenzen.

Heulend hatten sich die Hunde auf die Bestie gestürzt, deren Bewegungen rasch schwächer wurden, bis sie nach wenigen Minuten verendete. Meine Kugel war ihr dicht bei dem linken Auge in den Schädel gedrungen.

„Jetzt vorwärts, daß wir auch den anderen töten! Wohl sah ich den Feigling. Vorwärts, meine Hunde!" rief der Indianer begeistert. Mit einem Ruck riß er die Lanze aus dem Leibe des toten Tieres, und indem er die Hunde durch sein „tigre! tigre!" zu neuem Eifer anfeuerte, eilte er in nördlicher Richtung fort.

Wir folgten ihm, nachdem mein Freund den Peones Befehl erteilt hatte, dem erlegten Jaguar das Fell abzuziehen.

Jetzt begann die Jagd sehr anstrengend für uns zu werden. Immer dichter wurde der Urwald und größer die Entfernung zwischen dem Indianer mit seiner Meute und uns. Soviel wie möglich bahnte mir Don Vacundo mit seiner breiten, hünenhaften Gestalt den Weg. Wo Ranken= und Schlinggewächse denselben gänzlich versperrten, gebrauchte er sein langes Messer (Machete).

Nach einer Weile ertönte ein lauter Schrei des Indianers in der Ferne.

„Vorwärts, amigo! Der Tiger ist gefunden," rief mein Freund erfreut aus, und haftiger schaffte er sich mit wuchtigen Messerhieben Bahn.

Gleich darauf wurde der Weg freier. Der Untergrund war zum Teile sumpfig. In meinem Eifer achtete ich nicht darauf, bis ich weit über die Kniee in den Schlamm sank. Don Vacundo war an dem Sumpfe entlang vorausgeeilt, und als ich glücklich wieder festen Boden unter den Füßen fühlte, an der anderen Seite der Lichtung im Dickicht verschwunden.

Jetzt verstummte das Gebell der Hunde. Um mich her herrschte eine unheimliche Stille, nur einige große, grün=, rot= und blaugefiederte Papageien mit langem Schwanz krächzten in dem Wipfel eines hohen Baumes, dessen mächtiger, mit Schlingpflanzen und feuerrot blühenden Orchideen überwucherter Stamm sich schräg über den Sumpf lehnte, mit welchem ich soeben Bekanntschaft gemacht hatte. Ich stand unschlüssig, wohin ich mich wenden sollte.

Wieder begann das Gebell der Hunde. Es klang näher und näher.

Da knackte und krachte in meiner Nähe das Gestrüpp und daraus hervor sprang, keine drei Schritte von mir entfernt, der verfolgte Jaguar. Einen Augenblick stutzte er, als er mich erblickte. Sein Schweif schlug heftig die Flanken, und knurrend zeigte er mir seine Zähne. Dann sprang er zur Seite, und in kurzen Sätzen flüchtete er nach dem Sumpf. Bis an den Leib versank er in dem schlammigen, mit Moos bedeckten Grunde.

Alle Vorsicht vergessend, trieb mich der Jagdeifer, auf den Jaguar zu schießen. Mit kurz abgestoßenem Geheul drehte das verwundete Tier sich um und setzte zum Sprunge an. Da brachen die Hunde aus dem Dickicht hervor und stürzten mit wütendem Gebell auf ihren Feind zu. Bevor sie denselben jedoch erreichten und ihm den Rückweg abschneiden konnten, war er mit einem Satz neben dem über den Sumpf lehnenden Baum. Behende klomm er den breiten Stamm hinauf, zwischen dessen ersten Zweigen er sich niederkauerte und knurrend seine Verfolger erwartete.

Atemlos erschien nun auch Vidal und der Indianer. Als letzterer den Jaguar auf dem Baume bemerkte, krauete er sich unwillig hinter dem Ohr. „Meine Arbeit ist hier beendet," sagte er, und als er meinen fragenden Blick auf sich gerichtet sah, fuhr er rasch fort: „Ich habe keine Furcht, Senor, wenn die Bestie auf der flachen Erde ist; aber den Sprung von der Höhe auf mich herab vermag ich nicht zu berechnen. Gebt euch daher keine Mühe, mich etwa überreden zu wollen, euch behilflich zu sein. Ich thue es nicht, Senores."

Einer der Hunde war mittlerweile ebenfalls den schrägen Stamm hinaufgeklettert. Seine Kühnheit mußte er teuer bezahlen. Heulend sprang der Jaguar vor, und mit einem Schlage seiner Tatze schleuderte er das arme Tier in den Sumpf. Vergeblich war es bemüht, sich aus dem Schlamm zu retten. Winselnd versank es unter der Oberfläche.

„Arme Theresa," murmelte der Indianer mitleidig. Einen zornigen Blick warf er nach dem Jaguar; fester packte er die Lanze, und es schien, als wollte er jetzt doch der Bestie gegenübertreten. Aber nach kurzem Besinnen schüttelte er den Kopf und die Lanze in die weiche Erde stoßend, rief er rastig: „Nein, ihr Herren! Ich thue es nicht! Das hieße meinen Schutzpatron San Miguel zu sehr auf die Probe stellen."

„Wir wollen beide zugleich schießen," meinte Don

Vacundo. „Es wäre ein Jammer, wenn das Tier am Leben bliebe."

Ich war bereit. Sofort lagen unsere Büchsen im Anschlage. Gleichzeitig krachten die Schüsse. Ein grauenerregendes Geheul ertönte. Wohl setzte der Jaguar zum Sprunge an; doch denselben auszuführen, fehlte ihm die Kraft. Wankend glitt er vom Stamme herab in den Sumpf. Weit spritzte der schwarzbraune Schlamm umher.

Bellend und blind vor Eifer stürzten die Hunde vorwärts. Schnell war der Indianer mitten zwischen ihnen am Rande des Sumpfes. „Vorsicht! Bist du wahnsinnig, José? — Zurück, Hilario! — Laß ab, Juan! — Isabel, du dummes Mädchen! — Zurück, ihr Lumpengesindel!" schrie er laut und schleuderte, selbst bis an den Leib im Schlamm, ein versinkendes Thier nach dem anderen an das Ufer. Aber erst als der Jaguar wie die arme Theresa unter der schwarzen Oberfläche verschwunden war, beruhigten sich die Hunde, und vollständig erschöpft legten sie sich keuchend, die Zunge weit aus dem Halse gestreckt, auf den feuchten Boden nieder.

Eine halbe Stunde rasteten wir ebenfalls, dann kehrten wir nach dem Platze zurück, wo die Knechte während unserer Abwesenheit dem zuerst erlegten Jaguar das Fell abgezogen hatten. Dort lagerten wir uns auf unseren Decken im Schatten eines großen Mahagonibaumes und ließen uns den mitgenommenen Eßvorrath schmecken. Nachdem wir gesättigt waren, gönnten wir unserem, von der beschwerlichen Jagd ermüdeten Körper mehrere Stunden Ruhe, soweit dieses bei den unzähligen, uns fortwährend umschwärmenden Moskitos und anderen stechenden Insekten möglich war. Zweimal mußten wir außerdem, von großen, schwarzen Ameisen vertrieben, welche überall auf dem Boden, sowie an den Baumstämmen und Sträuchern umherkrochen, unseren Lagerplatz wechseln.

Am Nachmittag machten wir uns wieder auf den Weg nach dem Hato meines Freundes, welchen wir bei Sonnenuntergang glücklich erreichten.

Die Frauen, Mädchen und Knechte theilten unsere Freude an dem Gelingen der Jagd. Nach der Abendmahlzeit holten die Peones ihre Cincos*) und die bei keiner Volksmusik fehlenden Marracas**) herbei, und bis spät in die Nacht hinein erschallte der eigentümliche, melancholische Gesang, zu welchem sich die Leute, wie es ihnen gerade die Stimmung eingiebt, die Melodie bilden und die Worte aus dem Stegreif dichten.

Einen Tag verweilte ich noch bei meinem Freunde, dann verabschiedete ich mich. Don Vacundo ließ es sich nicht nehmen, mich persönlich nach der Stadt zu begleiten.

Noch einmal besuchte ich später den „Karaïben" auf seinem Hato; aber eine Gelegenheit, Jaguare zu jagen, bot sich mir leider nicht wieder.

---

*) Ein Instrument ähnlich der Guitarre, nur bedeutend kleiner und mit fünf Saiten bespannt.
**) Ein sonderbares Nationalinstrument Venezuelas, mit dem nach dem Takte der Musik zischende Laute hervorgebracht werden.

Ballfeste.

Von Friedrich J. Pajeken.

„Baile!" (Ball.) Dieses Wort vermag die junge Damenwelt Venezuelas in eine wahre Begeisterung zu versetzen. Der Tanz ist und bleibt für sie das Hauptvergnügen, und man giebt sich demselben mit einer Leidenschaft hin, wie man es wohl kaum irgendwo in gleicher Weise finden dürfte. Aber auch das gewöhnliche Volk teilt diese Begeisterung, nur daß bei diesem in anderer, urwüchsigerer Art getanzt wird und die Tänze mehr einen nationalen Charakter besitzen, während man in der besseren und feineren Gesellschaft beinahe dieselben Tänze findet, welche sich überall auf den Bällen der civilisierten Welt eingebürgert haben.

Ist eine Woche der anstrengendsten Thätigkeit überstanden, so verlangt der Arbeiter sein Tanzvergnügen, und zu diesem Zweck versammelt sich das Volk beinahe an jedem Sonnabend nach Sonnenuntergang in diesem oder jenem größeren Hause des Arbeiterviertels. Die Kleidung der Männer besteht einfach aus Hemb und Beinkleid; die Füße stecken in ledernen Sandalen. (Alparagatas)

Das schwächere Geschlecht hingegen pflegt sich für das Ballfest mit einem, für unsere Begriffe etwas wunderbaren Geschmack aufzuputzen. In den möglichst grellfarbigsten, am Halse weit ausgeschnittenen Kattunkleidern, zum Teil mit langer Schleppe, tritt die mehr oder weniger dunkle Hautfarbe der weiblichen Schönen noch stärker hervor. Dabei ist um den Kopf der älteren Weiber malerisch ein rotes oder blaues Tuch geschlungen, das man auch bei den Mädchen einzeln findet; doch meistens tragen diese in dem, je nach der Abstammung kurz gekräuselten, wolligen, oder lang herabhängenden, schlichten, rabenschwarzen Haar bunte Bänder und Blumen. Die Füße stecken ebenfalls in Sandalen, vereinzelt sieht man Strümpfe und Stiefeletten oder Schuhe; viele halten eine Fußbekleidung für unnötig und schreiten stolz in ihrem Putz barfuß einher.

Im Maimonat, wenn das Sternbild des südlichen Kreuzes aufrecht am Himmel steht, ist es hauptsächlich der „Joropo", welcher allgemein getanzt wird. Die Musik besteht aus Gesang, begleitet von der Guitarre, dem Cinco (ebenfalls eine Art Guitarre, jedoch bedeutend kleiner, und mit fünf Seiten bespannt) und den Maraccas. Letzteres eigentümliches National=Instrument Venezuelas wird aus den ausgehöhlten Früchten des Tortumabaumes hergestellt, durch die, nachdem einige Maiskörner hineingethan sind, ein hölzerner Stiel gesteckt wird, der als Handhabe dient. Der „Maracquéro" hat in jeder Hand eines dieser Instrumente, die er nach dem sich stets gleich bleibenden $6/8$=Takt der Musik schüttelt. Auf diese Weise werden zischende und rasselnde Töne hervorgebracht, die, vereint mit den Harmonien des Cincos und der Guitarre, selbst einem musikalischen Ohr nicht unangenehm sind. Es ist jedoch eine Kunst, die Maraccas regelrecht zu gebrauchen; ungeübte Hände erzeugen mit denselben nur widerliches Geklapper.

Beim Joropo fassen sich die Männer und Weiber paarweise bei den Händen, oder legen sich diese gegenseitig auf die Schultern, und, indem sie genau nach dem Rhythmus der Musik von einem Bein auf das andere hüpfen, bewegen sie sich im Kreise umher. Dabei wird gescherzt und gelacht, geschrien und gesungen. Vor den Türen drängt sich das Volk; immer voller wird der dunsterfüllte, heiße Raum, in welchem die tanzenden Paare gewandt durcheinanderschlüpfen. In dicken Perlen tropft ihnen der Schweiß von der Stirn; doch das kümmert sie nicht, man ist daran gewöhnt. Unaufhörlich ertönt die Musik, stundenlang ohne Unterbrechung. Wenn einer der Spielenden oder Sänger müde ist, tritt ein anderer an seine Stelle, welcher dann mit frischem Eifer die Finger über die Saiten gleiten oder seine Stimme ertönen läßt, oder die Maraccas schüttelt. Als Erfrischung dient den Männern Rum, den Weibern und Mädchen Carato: ein Getränk, welches aus dem Wasser von abgekochtem, gemahlenem Mais und Papelon (braunem Rohrzucker) bereitet wird.

Ein anderer Tanz, der ebenfalls bei den niederen Volksklassen allgemein beliebt ist und wohl ursprünglich von den Negern der westindischen Colonien eingeführt wurde, ist der „Tambor". Eine Art Trommel begleitet mit dumpfem Ton die Musik, welche wie bei dem Joropo aus Guitarre, Cinco, und Maraccas besteht. Beim Tambor tanzt immer nur ein Paar zur Zeit. Die Tänzerin stellt sich dem Manne, ihre Hände in die Seiten gestemmt, gegenüber. Nach dem $^6/_8$=Takte der Musik wiegt sie sich in den Hüften hin und her und indem sie langsam die Knie beugt, läßt sie sich immer tiefer zur Erde nieder, um dann plötzlich wieder empor zu schnellen. Des Mannes Bewegungen sind ähnlich. Er nähert sich seiner Partnerin, weicht wieder zurück, kommt ihr ganz nahe und sofort. Nach und nach werden die Bewegungen der beiden stürmischer und zuletzt immer toller, obgleich der Takt der Musik stets derselbe bleibt. Das zuschauende Volk lacht, kreischt und ruft Beifall, je leidenschaftlicher sich das Paar gebärdet, bis endlich die Müdigkeit dasselbe treibt, inne zu halten. Rasch tritt ein anderes Paar in den Raum, und von neuem beginnt der Tanz. Der Tambor ist eine Art Cancan und versinnbildlicht eine Liebeserklärung.

Je weiter die Nacht vorrückt, und je mehr der Rum den Männern zu Kopfe steigt, desto toller und leidenschaftlicher wird getanzt, bis zuletzt plötzlich alles kreischend und schreiend wild durcheinander läuft. In den Raum, wo soeben noch das heiterste Leben herrschte, wälzen sich ein paar trunkene Männer auf der Erde. In ihren Händen blitzt ein Messer oder die Lanzenspitze, welche die meisten Arbeiter, bei solchen festlichen Gelegenheiten, unter dem Hemde verborgen bei sich zu tragen pflegen. Nach vieler Mühe gelingt es endlich, die Wütenden von einander zu bringen. Das Volk zerstreut sich in seine

Wohnungen, nach und nach wird es still, hier und dort bellt noch ein Hund, — dann erlischt das Licht in den Häusern. Nur dort brennt es noch, wohin man die Verwundeten trug, um welche die Frauen jetzt beschäftigt sind, mit allerlei Hausmitteln und Sprüchen das rinnende Blut zu stillen. Obgleich diese Ballfeste beinahe ohne Ausnahme in dieser Weise endigen, kommt doch selten eine Verwundung mit tödlichem Ausgange vor; aber der Messer= und Lanzenkampf scheint zu dem Vergnügen zu gehören, wie bei den Tirolern das Raufen auf der Kirch= weih. Fehlt ein Arbeiter Montags auf seinem Posten, so weiß man schon, daß ihm seine beim Joropo oder Tambor erhaltenen Wunden zwingen, in seiner Wohnung zu bleiben. Während der Karnevalszeit pflegt das Volk in einzelnen Gruppen, möglichst aufgeputzt, in die Häuser der besseren Familien einzutreten und sich dort für Er= frischungen im Joropotanzen zu zeigen.

Die Ballfeste der feineren Gesellschaft haben im All= gemeinen viel Aehnlichkeit mit den Bällen der übrigen civilisierten Welt. Schon einige Zeit vor dem bestimmten Tage wird dazu mündlich, meistens jedoch schriftlich auf= gefordert. Da es in Ciudad Bolivar der steilen Straßen wegen keine Wagen giebt und die Damen infolge dessen zu Fuß gehen müssen, werden die Bälle beinahe aus= schließlich während der trockenen Jahreszeit, also im No= vember bis Mai, abgehalten und zwar wie bei dem niederen Volke meistens an einem Sonnabend.

Das Haus, in welchem das Ballfest stattfindet, ist in seinem Inneren mit Fahnen und den großen Wedeln des Cocospalme auf das geschmackvollste ausgeschmückt.

Durch Kerzen und Lampen sind die „Sala", das größte Zimmer, in dem getanzt wird, und die kleineren Nebenräume erhellt. Papierlaternen erleuchten mit ihrem bunten Schein die Säulengänge und Galerien, welche den „Patio" umgeben, einen gepflasterten Hof, auf dem einige Bananenpflanzen ein Apfelsinenbaum oder eine Cocospalme wachsen zwischen deren Blättern und Zweigen hindurch der Mond sein magisches Licht wirft.

Gegen 8 Uhr versammelt sich die Gesellschaft. Die Damen erscheinen in den reichsten Toiletten. Schleppkleider von Musselin, mit roter, blauer oder gelber Seide und Spitzen besetzt, sind vorherrschend und stets nach den neuesten Pariser Façons angefertigt. In den Haaren werden lebende und künstliche Blumen oder Rosetten von seidenen Bändern, deren Farbe mit der der Kleider harmoniert getragen. An den kleinen Füßen sitzen zierliche Atlasschuhe, aus denen die oft reich gestickten, farbigen, seidenen Strümpfe hervorschauen. Das weit ausgeschnittene, mit Spitzen eingefaßte Kleid läßt den Hals und einen Teil der Brust frei, und lange Handschuhe von Seide oder feinem Leder bedeckten den nackten Arm bis zum Ellenbogen. Ketten, Broschen, Ohrringe und Armspangen mit glitzernden und schimmernden Steinen vervollkommnen die geschmackvolle Toilette.

Bei den Herren ist der schwarze Gesellschaftsrock üblich. Auch wird, besonders von den höheren Beamten der Stadt, der Frack getragen; doch ist derselbe nicht so unbedingt nötig wie auf den Bällen Europas.

Die jüngeren Damen lassen sich in der Sala nieder, während die älteren Damen in einem der anstoßenden

Räume bei der Frau des Hauses ihren Platz wählen. Auch wie in Deutschland werden auf hübsch ausgestatteten Kärtchen von den Herren die Namen der engagierten Damen bei den Tänzen vorgemerkt, und unter Lachen und Scherzen ist einer eifrig bemüht, dem anderen zuvorzukommen.

Etwa um 9 Uhr ist die Gesellschaft vollzählig versammelt, und ungeduldig sehnt sich die junge Welt nach dem Beginn des Balles. Von Minute zu Minute wird die Unterhaltung lebhafter. Jedes Gesicht drückt Freude und Heiterkeit aus, und schalkhaft schauen hier und dort die großen, dunklen Augen hinter den mächtigen Fächern hervor, welche die zierlichen Hände mit einer unübertrefflichen Grazie zu handhaben verstehen. Wohin man den Blick schweifen läßt, sieht man hübsche, ja schöne Gesichter und Gestalten. Die Creolinnen sind schlank gebaut und doch üppig zugleich; die dünne, leichte Kleidungen verrät die runden, regelmäßigen Formen. Jede Bewegung ist elegant und graziös, ohne den Eindruck des Erkünstelten zu machen. Die natürliche Anmut, welche diesen reizenden Geschöpfen angeboren ist, wird nicht beeinträchtigt durch erlernte Koketterie und einstudiertes Mienenspiel.

Jetzt ertönt vom Klavier, durch Flöte, Guitarre und Cinco begleitet, die melancholische Weise eines venezolanischen Walzers. Noch feuriger und lebhafter leuchten bei diesen Klängen die dunklen Augen auf, und enganeinandergeschmiegt schweben die Paare durch den Saal. Da kennt man kein Wirbeln kein Toben, wie wir es in unserem kalten Deutschland gewohnt sind, wo die Menschen sich beim Tanzen eilig drehen und wenden und in atemloser Hast ihr Vergnügen suchen. Langsam und leicht gleiten

Pajeken.

hier die Paare dahin. Oft scheinen sie sich kaum vom Platze zu rühren, und doch tanzen sie mit der ganzen, heißen Leidenschaft, welche die Kinder der Tropen beherrscht. Nicht der Takt bewegt ihre Füße, sondern die Melodie. Jeder Ton gebietet eine andere Bewegung und wenn nach dem traurig und wehmutsvoll klingenden Moll des ersten Walzerteiles im zweiten Teil die heiterste Weise in Dur ertönt, so werden auch die Bewegungen lebhafter und rascher, um gleich darauf wieder bei den weichen, sanften Molltönen in die vorherige Ruhe zu verfallen. Noch fester schmiegt sich dann Körper an Körper, noch inniger vereinigen sich die Hände. Vor Wonne hebt und senkt sich die Brust, und lauter pochen die Herzen der im vollen Genuß schwelgenden Tanzenden.

Eine Lust ist es, ihnen zuzuschauen! — Mit welcher Grazie winden sich die Paare leicht und geschickt durcheinander, ohne sich gegenseitig zu berühren. Keine Müdigkeit und Abspannung ruht in den Zügen; es scheint, als wenn die Kraft und Ausdauer wächst bei diesem wogenden, schwebenden Tanze.

Der venezolanische Walzer ähnelt dem sich in Deutschland jetzt mehr und mehr einbürgenden „Boston"; doch bewegt sich die Begleitung nicht in $3/4$, sondern in $6/8$ Takt, was dem Fremden zuerst ungemein eigenartig erscheint und ihm die Erlernung des Tanzes erschwert. Nach dem Walzer folgt dann gewöhnlich eine langsame Polka und dieser eine „Danza". Die Danza ist eine Zusammensetzung von Quadrille und Walzer und wird wie folgt getanzt: Die Damen und Herren stellen sich in zwei Reihen einander gegenüber. Die erste Herr beginnt mit der zweiten Dame irgend eine Quadrillentour, welche meistens aus eigener Phantasie entspringt. Der nächste Herr tanzt zu gleicher Zeit dasselbe mit der ersten Dame. Nach 16 Takten folgen 16 Takte Walzer, welche dann jeder mit seiner eigenen Dame tanzt. Das zweite Paar nimmt darauf den ersten Platz ein, während das erste Paar mit dem dritten von neuem beginnt, welches nach 32 Takten wieder einen Platz aufrückt und so fort, bis die ganze Reihe durchgetanzt ist. Das zweite Paar folgt dem ersten, das dritte dem zweiten und so weiter. Die Danza gewinnt schon durch die vielen Variationen an Interesse, die man bei derselben in Anwendung bringen kann.

Diesem Tanz folgt wieder der am meisten beliebte Walzer, dann Polka und von neuem Danza. Mitunter wird auch wohl ein Lancier getanzt. In den Pausen werden den Damen Erfrischungen, wie Limonade, Wein und Süßigkeiten in verschiedener Gestalt gereicht, welches Amt die Herren übernehmen. Für diese ist in einem der Nebenräume ein Büffet errichtet, das reichhaltig mit Bier, Wein, Selterswasser, Cognac, Rum u. s. w. versehen ist. Später giebt es dann belegte Butterbröte. In Venezuela wird das Essen und Trinken bei derartigen Festen mehr als ein Bedürfnis, als eine Nebensache betrachtet. Ein allgemeines Mahl kennt man nicht, wie es in Deutschland üblich ist und das durch seine verschiedenen Gänge stundenlang ausgedehnt wird. Man vereinigt sich nur allein, um zu tanzen und gebraucht jede Minute um dieses Vergnügen so viel wie möglich auszunutzen.

Zwischen den Tänzen ergehen sich die einzelnen Paare auf den kühleren Galerien, unter den Säulen=

gängen und auf dem Patio. Ungeziert verkehren die Damen mit den Herren. Es wird gelacht und gescherzt, wie es gerade einem jeden in den Sinn kommt; ungezwungen geben sich alle der allgemeinen Freude hin.

Die allerliebste Natürlichkeit, welche den Kreolinen angeboren ist, wird diesen von Fremden, die sich nicht die Mühe geben, sie zu verstehen, sehr oft verdacht und vielfach übertrieben wiedererzählt. Darum glaubt man auswärts gern an ein allzu freies Benehmen der Damen in den Tropen. Die Ansicht ist jedoch vollkommen falsch! Anstand und Sitte sind auch hier der Grundstein der feineren Gesellschaft, und man wetteifert, die Grenzen nach jeder Richtung hin zu achten und streng aufrecht zu erhalten. Die Kreolin ist eine Meisterin der Unterhaltung. Das heiße Blut, welches durch ihre Adern rinnt, regt sie an, manche Unkenntnis des allgemeinen Wissens durch sprudelnden Witz zu ersetzen, und eines ist ihr unbekannt, sie redet nicht, um zu verschweigen, was sie denkt.

Sobald die Musik wieder beginnt, drängt alles aufs neue in die Sala. Der Tanz läßt selbst eine Temperatur von 28—30 Grad (Reaumur) Wärme vergessen. Viele Damen gebrauchen gegen die Wärme den Puder, welchem sie nach jeden Tanz frisch auflegen. Die Herren bedienen sich der Fächer ihrer Tänzerin oder tragen manchmal auch selbst solche bei sich. Gegen 1 Uhr neigt sich das Fest seinem Ende zu. Die älteren Damen und Herren, welche bis dahin, in froher Erinnerung an die eigene Jugendzeit, geduldig dem Tanze zugeschaut haben, werden müde und mahnen zum Aufbruch. Entfernen sich erst einige, so folgen die anderen bald nach. Während die Damen sich in ihre Tücher und Shawls hüllen, vereinigen sich die Herren noch einmal im Büffetzimmer, um die „Noche" (den Nachtrunk) zu nehmen; dann geben sie den Damen das Geleite, und auf dem Heimwege wird noch manch vertrauliches Wort ausgetauscht, zu dem sich vorher inmitten der beobachtenden Gesellschaft keine Gelegenheit bot.

Und wenn sich die Thür der elterlichen Wohnung hinter dem Mädchen geschlossen hat, die wie so viele andere verstand, durch ihre Schönheit und reizende Anmut die Herzen im Sturm zu erobern, dann steht der Jüngling, welcher das Glück genoß, das hübsche Kind heimzubegleiten, noch oft lange vor dem Hause in der durch den Mond beinahe tageshell erleuchteten Nacht und schaut nach den Fenstern empor, hinter denen er das Stübchen des lieblichen Mädchens vermutet. Wenn ein Licht dort erglänzt und nach einer Weile wieder erlöscht, ruft er ein leises „buenas noches!" (Gute Nacht!) hinauf, und indem er langsam weiter wandert, steckt er wohl lächelnd eine verwelkte Rose in das Knopfloch als ein Andenken an das heutige frohe Fest. Immer wieder muß er die Blume betrachten, die an der jungfräulichen Brust starb, deren Schmuck sie sein durfte für wenige zu rasch dahingeeilte Stunden. Noch einmal rauschen diese an des Jünglings Geist vorüber, und immer lauter pocht ihm das Herz, in welchem das kreolische, heiße Blut den Funken der Liebe und Leidenschaft rasch zur lodernden Flamme entfaltet.

Schweigend liegt die schlafende Stadt mit ihren im Mondschein geisterhaft leuchtenden, weißen Häusern. Kein

Laut regt sich; nur der Schritt des Heimkehrenden unterbricht die nächtliche Stille.

Da erschallen plötzlich die langsamen, weichen Töne der Flöte, begleitet vom Cinco und der Mandolo von weiter her, und die melancholische Weise eines Walzers erklingt durch die ruhige Nacht. — Nach Beendigung des Balles haben ein paar Jünglinge rasch jene Instrumente herbeigeholt und vor den Fenster der Dame deren Ritter sie waren beim heutigen Feste, lassen sie noch einmal die Klänge ertönen, unter denen sie vorher mit d e r getanzt, gelacht und gescherzt haben, welcher als Dank jetzt die Serenade gilt.

Weihnachtsfeste am Orinoko.
Von Friedrich J. Pajeken.

Die Weihnachtszeit ist für den als civilisiert geltenden Bewohner der Orinokoufer nächst dem Karneval ein Fest der höchsten Lust und Freude. Viele der in der Nähe von Ciudad Bolivar (Angostura) lebenden Ansiedler, Llaneros sowie Morichaleros, ziehen für diese Zeit nach der Stadt, um an den mannichfaltigen Vergnügungen teilzunehmen, welche das Fest bietet, währenddem die Arbeit vollständig ruht. Die Festwoche wird bei den Arbeiterklassen schon einige Tage vorher durch abendliche Tänze eingeleitet, bis der Weihnachtsabend erscheint. Dann zieht Jung und Alt, Arm und Reich in die glänzend erleuchtete Kirche, wo bis spät in die Nacht hinein Gottesdienst abgehalten wird. Die Kreolin geht stolz in ihrem kleidsamen Kostüm mit langer Schleppe einher. Um den Kopf ist malerisch ein schwarzer, seidener Spitzenschleier geschlungen, unter dem das weiß gepuderte Gesicht mit den großen funkelnden Augen hell hervorscheint. Die ersten

Familien der Stadt besitzen in den Kirchen ihre eigenen Betpulte. Vor denselben wird ein Teppich ausgebreitet, den die Dienerin der Sennora bei dem Kirchgange nachträgt, und auf welchem sich die Damen in halb sitzender, halb knieender Stellung niederlassen.

Bald ist die Kirche gefüllt. Zwischen den in langen Reihen in der Mitte des Raumes aufgestellten Betpulten schreitet hier und dort ein junger, hübscher Caballero hindurch, um seinen Platz bei der Dame seines Herzens zu wählen. Nur zu oft wird dann die Zeit der Messe zu Komplimenten, zärtlichen Worten und Liebesgeplauder benutzt. Weiter nach den Seiten knieen die Männer, Frauen und Mädchen des Volkes. Auch hier ist die Frömmigkeit nicht auf allen Gesichtern ausgeprägt. Schon denkt man zuviel an die Lust und das Vergnügen der bevorstehenden Festtage.

Doch nun beginnt die kirchliche Handlung. Dichte Weihrauchwolken durchziehen den Raum. Von dem hohen Chore herab erschallt, von der Orgel begleitet, Männergesang, welcher auf Schönheit allerdings keinen Anspruch machen kann. Mit näselnder Stimme werden einige lateinische Verse abgeleiert. Dann ertönt die Orgel allein. Der Organist hat bei einem Fremden eine für ihn neue Komposition gehört, welche ihn ungemein begeisterte. Die giebt er heute zum Besten, unbekümmert darum, ob dieselbe aus einer Operette stammt oder die Worte eines beliebt gewordenen Gassenhauers zum Texte hat. Auch die in der Stadt weilenden Deutschen sind gern bereit mit ihrem musikalischen Talent zu der Verherrlichung der Messe beizutragen. Sie spielen im Streichquartett: Gott er-

halte Franz den Kaiser, von Haydn, oder dergleichen.
Was gespielt wird, danach fragt man hier nicht. Die
Hauptsache ist, daß die Stücke angenehm klingen. Da=
zu rauschen die seidenen Gewänder der Damen. Mit
Grazie wird der große Fächer gebraucht; überall sieht
man vom Chore herab die wogenden Bewegungen der=
selben. Verdenken konnte man es einem Geistlichen nicht,
daß er eines Abends mitten in seiner Rede von der
Kanzel herunter mit donnernder Stimme sich die Be=
nutzung der Fächer verbat, da es störend auf ihn einwirke.
Fünf Minuten hatten die Worte des armen Padres Er=
folg, dann begann von neuem die angenehme, Erfrischung
bringende Tändelei. Unmöglich war es den Damen,
dieselbe zu unterlassen. — Mit dieser Messe ist der
religiöse Teil des Festes abgethan.

Am nächsten Morgen herrscht schon in der Frühe
ein buntes Treiben in den Straßen der Stadt. Doch
gegen 11 Uhr treiben die glühenden Strahlen, welche die
Sonne vom ungetrübten, tiefblauen Himmel herabsendet,
die größte Anzahl des Volkes in die Häuser zurück. In
der Hängematte läßt man die Stunden der größten Hitze
an sich vorübergehen. Die Männer benutzen auch wohl
diese Zeit, um ihren Rausch auszuschlafen, welchen die
reichlich genossenen Tragos von Aguardiente in ihren
festlich gestimmten Köpfen hervorgerufen haben. Etwa
gegen drei Uhr nachmittags beginnt das bewegte Treiben
in der Stadt von neuem. Raketen steigen in die Lüfte.
Schwärmer und sonstige Feuerwerkskörper werden in
großen Massen abgebrannt. Die banda (Musikkapelle),
welche aus sechs Männern des Arbeiterstandes gebildet

ist, die einige Blechinstrumente und eine große Trommel bearbeiten, wandert durch die Straßen. Man erinnert sich dabei unwillkürlich der in Deutschland umherziehenden Jahrmarktsmusikanten, nur daß deren Vorträge im allgemeinen wohl noch etwas besser sind, wie sie hier die schwarze banda darzubieten vermag. Das Volk ist jedoch begeistert. Es kennt nichts Schöneres, und jubelnd zieht es der Musik voraus, welche nach einigen Kreuz= und Querzügen schließlich bei einer breiten, vom Fluß bis nach der Höhe der Stadt laufenden Straße Halt macht, deren Ausgänge durch hohe, aus Pfählen hergestellte Zäune versperrt sind. Hier soll das Fest der Toros (Stiergefechte) abgehalten werden; doch verlaufen dieselben unblutig, da der Stier nur von dem ihm nachjagenden Reiter am Schwanze ergriffen und geworfen wird, wozu eine große Festigkeit im Sattel und Gewandtheit gehört.

Diese Vergnügungen dauern bis zum Sonnenuntergang. Dann werden die Stiere nach der Paragua zurückgetrieben. Singend und lachend zerstreut sich das Volk, um sich in einigen Häusern des Arbeiterviertels wieder zu versammeln, wo der „Joropo" und „Tambor" die Teilnehmer noch bis spät in die Nacht hinein wach hält.

Am nächsten Morgen beginnt das Fest auf's Neue wie am Tage vorher. Raketen sausen in die Luft. Es ist eine besondere Liebhaberei, diese Feuerwerkskörper bei Tage abzubrennen. Auf der Plaza vor der Bildsäule Simon Bolivars spielt die Banda und festlich gepuzte Menschen durchziehen die Straßen. Nachmittags finden wieder „Toros" oder auch „Cintas" statt. Letzteres ist ein Ringstechen, welches ebenfalls eine große Gewandtheit im Sattel erfordert.

Quer über die Straße, von einem Hause zum andern, ist eine Schnur gespannt, auf die eine Anzahl kleiner Rollen gezogen sind. Auf denselben befinden sich schmale, bunte seidene Bänder, an deren Ende ein kleiner Ring befestigt ist. Der Caballero versucht nun, im vollen Carriere unter der Schnur hindurchsprengend, mit einem dünnen Stabe einen der Ringe zu treffen. Gelingt es ihm, so rollt sich das daran haftende Band ab und flattert im Winde hinter dem Reiter her. Es giebt einige, welche in diesem Ringstechen, das wie die Toros eine beliebte Unterhaltung der Herren aus der besseren Gesellschaft an diesen Festtagen ist, eine bewunderungs= würdige Fertigkeit besitzen. Die Schnur mit den Rollen wird stets so hoch angebracht, daß der Reiter sich vom Sattel, in den Steigbügeln stehend, erheben muß, um den Ring zu erreichen.

Während das geringe Volk in verschiedenen Häusern abends mit seinen Nationaltänzen sich erfreut, finden in den Familien der feinen Welt überall Bälle statt. So vergeht in der Weihnachtszeit ein Tag nach dem anderen unter Lust und Frohsinn.

Die Neujahrsnacht wird wieder festlich begangen. Die erste Gesellschaft vereinigt sich abermals zum Ball. Bei dieser Gelegenheit reicht man gern sogenannte „Ayacas". Es sind dieses kleine Pasteten, die aus Fleisch, allerlei Gewürze, sowie Maisteig hergestellt, und in ein Bananenblatt gewickelt, gekocht werden. Der Ge= schmack derselben ist vorzüglich.

Das Volk läuft vermummt in den Straßen umher und geht von Haus zu Haus, um Glück zu wünschen und sich bewirten zu lassen. Dabei wird, begleitet von den Klängen der Guitarre, des Cincos und der nie fehlenden Marracas, gesungen und getanzt.

Erst mit dem Beginn des neuen Jahres haben alle diese Vergnügungen und Festlichkeiten ein Ende. Nur die Mummerei nimmt abends bis zum Karneval ihren Fortgang. Auch die Herrenwelt beteiligt sich gern daran. Verkleidet und das Gesicht verhüllt, betritt man die Häuser der bekannten Familien. Mit verstellter Stimme wird mancher Scherz gemacht und versucht, die befreundeten Damen zu täuschen.

Welch großer Unterschied liegt in der Feier des Weihnachtsfestes hier mit derjenigen in Deutschland! — Dort ist es winterlich kalt und Schnee bedeckt die Erde. Hier strotzt alles in frischem, üppigem Grün. Lauwarm sind die Nächte. Die Luft durchzieht ein lieblicher Duft, den Tausende von Blüten ausströmen. Mag der Deutsche durch die Gewohnheit der langen Jahre seines Fortseins vom Vaterhause auch noch so abgehärtet gegen das Heimweh werden, um die Weihnachtszeit lenkt die Erinnerung an die herrlichen sorgenlosen Jugendjahre die Gedanken mit mächtiger Gewalt nach der fernen, schönen Heimat zurück, wo der Knabe einst in immer spannenderer Erwartung ungeduldig den Abend herankommen sah, an dem sich ihm so mancher Wunsch erfüllte. Und der im hellen Lichterglanz reich geschmückte Christbaum, die nordische Tanne, steht uns wieder vor Augen, mit den freudig erregten Menschen darum, welche sich gegenseitig am heiligen Abend beschenken, Freude erzeugend, Freude genießend.

Einen, wenn auch nur geringen Ersatz für das, was

er von alledem entbehren muß, drängt es die Deutschen, sich zu schaffen. Diejenigen, welche ohne Familie sind und sich nun am Weihnachtsabend doppelt verlassen und allein fühlen, vereinigen sich zu einem freundschaftlichen Beieinandersein. Man möchte es versuchen, bei einem guten Essen und einigen Flaschen Bier fröhlich zu sein, wie alle dort in der fernen Heimat.

Ein Pflaumenbaum mit seinen verzweigten Aesten und kleinen Blättern muß die Tanne ersetzen. Allerlei Sachen werden daran gehängt und auch die Lichter fehlen nicht. Und wenn der Abend naht und alle um diesen Baum versammelt stehen, dann denkt ein jeder still an den alten Vater, an die treusorgende Mutter, an Bruder und Schwester daheim, und recht weh wird es den Männern ums Herz, welche die Jagd nach dem Glück fort von der deutschen Erde hinaus in die weite Ferne trieb.

Selbst auf dem Antlitz derer, in denen vergebliche Arbeit und Enttäuschung jedes feinere Gefühl ersterben ließ, fehlt heute das spöttische Lächeln, und schweigend lauschen sie dem Weihnachtsliede, das von den Lippen ihrer Kameraden zum schwarzen, sternenübersäten Himmel erklingt.

Und auch auf das Volk, welches sich lachend an die Fenster gedrängt um die wunderbare Sitte der jorungos (Spottnamen für Fremde) zu schauen, verfehlt die Melodie ihren Eindruck nicht. Das Gelächter verstummt, und ernst blicken die Augen aus den braunen und schwarzen Gesichtern auf die Deutschen, von deren Munde, in der für die Einheimischen seltsamen Sprache das Lied ertönt: „Stille Nacht! Heilige Nacht!"

Eine Jaguarjagd im Hause.
Von Friedrich J. Pajeken.

„Welches Glück, Sennor, daß ich Euch noch treffe!" Mit diesen in sichtlicher Freude ausgerufenen Worten begrüßte mich ein mir bekannter Llanero,*) indem er den breitrandigen, aus Palmenfasern geflochtenen Hut von dem schwarzhaarigen Haupte zog, als ich eines Abends nach Sonnenuntergang in Ciudad Bolivar in Venezuela auf die Straße trat, um mich nach dem deutschen Klub zu begeben, wo der Geburtstag eines mir lieben Landsmannes gefeiert werden sollte.

„Es ist ein Elend!" fuhr er ärgerlich fort und deutete auf einen in der Nähe stehenden, mit einem Maultiere bespannten zweiräderigen Karren. „Beeilt habe ich und mein Tier uns wie nie in unserem Leben, und kamen wir dennoch nicht rechtzeitig an. Der Kapitano des deutschen Schiffes dort unten" — er zeigte mit

---

*) Sprich: Ljanero: Steppenbewohner.

dem Daumen nach dem Orinoko in der Richtung, wo der durch eine felsige Landzunge gebildete Hafen lag — „schickte mich wieder fort, und meinte: erstens sei es heute zu spät, die Ladung zu empfangen, und zweitens habe er auch nicht für frisches Fleisch gesorgt."

„Für frisches Fleisch?" wiederholte ich verwundert und blickte nach dem Karren, auf welchem zwei Kisten standen.

„Si, Sennor!" entgegnete der Llanero, indem er sich über sein lederfarbiges, faltenreiches Gesicht strich. „Ich bringe doch die beiden Tiger*) von Don Pablo Gonzales, ein Geschenk für Sennor F. in Deutschland."

Ich erinnerte mich jetzt, daß mir Kapitän Sch. von diesen, ihm in Aussicht gestellten Passagieren erzählt hatte und darüber durchaus nicht sehr erbaut gewesen war. — „Ja, und nun, Don Ramon José Maria de Rosario?" fragte ich lächelnd. „Was gedenkt Ihr nun zu beginnen?"

Der Llanero schmunzelte; ich wußte, daß man ihm keinen größeren Gefallen erweisen konnte, als wenn man ihn bei seinem vollen Namen nannte. Dann kraute er sich jedoch hinter dem Ohr, und einigermaßen verlegen antwortete er: „Errathet Ihr es nicht, Sennor?" Der Kapitano meinte, Ihr wäret vielleicht so freundlich, die beiden Tiere bis morgen früh in Verwahrung zu nehmen, damit ich nicht nötig hätte, mit ihnen wieder durch die ganze Stadt nach den Morichales**) zu fahren, wo ich bei meinem Bruder übernachte."

---
*) Unze, pantherartiger Jaguar in Venezuela „Tiger" genannt.
**) Anpflanzungen vor der Stadt.

„Meinetwegen!" erwiderte ich bereitwilliger, als ich es wohl gethan haben würde, wenn ich nicht an meine auf mich wartenden Landsleute im Klub gedacht hätte.

Don Ramon war mir äußerst dankbar. Er rief einige vorübergehende Neger heran, und mit deren Hilfe wurden die zwei Kisten, welche vermittelst eines Gitters vor der vorderen Oeffnung in Käfige verwandelt waren, in den geräumigen, von einer Säulengallerie umgebenen Hof meines Hauses gestellt. Hinter diesem lag, durch eine Thür getrennt, ein halbdunkler, winkliger Raum, von dem eine Treppe nach meiner Wohnung führte, und an welchen abermals ein Hof grenzte, der zum Lagerplatz von eisernen Kesseln, alten Tonnen, Kisten und allerlei sonstigem Gerümpel diente.

Während sich der eine Jaguar bei dem Transporte vom Karren nach dem Hofe ruhig verhielt, gebärdete sich der andere wie toll, und die Leute hatten ihre Mühe, den verhältnißmäßig leichten Käfig zu halten; das Thier fauchte, heulte, schlug mit den breiten Tatzen gegen das Gitter und warf sich von einer Seite zur anderen.

„Don Pablo Gonzales fing ihn in einer Grube", sagte der Llanero zu den weiblich scheltenden Negern, als der Käfig glücklich auf seinen Platz gerückt war. „Es ist eine rasende alte Bestie, und außerdem ist augenblicklich sein Magen so leer wie meine Tasche. Heute Morgen, als die Sonne aufging, gab ich ihm sein letztes Futter."

„Zum Henker! Und bis morgen früh soll das Tier weiterhungern?" rief ich nicht ohne Mitleid.

„Schadet ihm nichts, Sennor," versetzte Don Ramon de Rosario gelassen. „Hunger macht ein Tier in der Gefangenschaft zahm. Eine andere Sache ist es damit in der Freiheit; diablo, dann ist mit einer solchen Kreatur nicht zu spaßen."

Nachdem ich die Hausthür verschlossen, und mir der Llanero unter nochmaligem Danke versprochen hatte, die Tiere früh am nächsten Tage abholen zu wollen und dann gleich eine tüchtige Portion Fleisch mitzubringen, trennten wir uns.

Um die bei frohen Festen erwünschte, möglichst gehobene Stimmung auch bei seinen Gästen hervorzurufen, hatte mein Landsmann im Klub sehr reichlich für Getränke gesorgt. Rum, Kognac und Selterswasser standen in Ermangelung von Eis in nach tropischen Begriffen abgekühltem Wasser, und auf dem überdachten Balkon hing an einer Leine, von einer den Fluß heraufwehenden frischen Brise hin und her geschaukelt, in nassen Strümpfen eine Anzahl gefüllter Bierflaschen.

Der nötige Durst war bei uns vorhanden, und schon bald waren wir sämmtlich so recht seelenvergnügt, wie es nur junge Leute sein können, die erst im Begriffe stehen, sich mit dem Ernst des Lebens vertraut zu machen. In allen möglichen Variationen wurde das Wohl des Geburtstagskindes ausgebracht, und andere Trinksprüche heiteren und ernsten Inhalts, auf die Schönen der Stadt, auf unsere Lieben daheim und so weiter folgten. Lustig stimmten wir dann ein deutsches Lied an. Wie vorhin die Toaste, so folgte jetzt ein Singsang dem andern. Zwischendurch zeigten Einige, daß sie im Komikerfach ebenfalls eine

Stelle ausgefüllt hätten, und mein lieber, unvergeßlicher Freund Sch., ein Sachse, dessen „Weg zum Glück" im fernen Lande leider wenige Jahre später auf dem Kirchhof endete, versuchte uns durch einen Vortrag in seiner heimischen Mundart, betitelt „Die Schlibbenbardie", die in jener Nacht herrschenden dreißig Grad Wärme weniger fühlbar zu machen.

Spät in der Nacht erst brachen wir auf, Mehrere von uns in der seligsten Laune und bedenklicher Gefahr die Wirkung des Naturgesetzes der Anziehungskraft der Erde zu erproben. Insgesammt wurde das Geburtstagskind nach Hause geleitet; dann wandte sich Jeder in der Vorahnung eines mehr oder minder schweren Katzenjammers seiner eigenen Klause zu.

Die Prüfung, ob mein infolge des fast gerade über mir stehenden Mondes nur als ovaler Flecken erscheinender Schatten noch genau den in der Straße durch die Saumsteine gebildeten Strich inne zu halten vermochte, fiel zu meiner Zufriedenheit aus, und langsam näherte ich mich meinem Hause als das langgedehnte Geheul eines Hundes mein Ohr traf. Dieser Laut erinnerte mich an die beiden Jaguare, welche heute gewissermaßen unter einem Dache mit mir hausten. Zum Henker! Wenn die Tiere nun ihren hungerigen Gefühlen durch Klagelieder Ausdruck verliehen? Dann war an Schlaf nicht zu denken; hinderte mich doch oft schon am Einschlafen das leise Singen eines Moskitos. Und ich merkte es, wie Blei lag es mir in den Gliedern, bitter nötig hatte ich einige Stunden in Morpheus' Armen! — Aergerlich, so bereitwillig meine Erlaubnis zu der unan=

genehmen Einquartierung gegeben zu haben, beschleunigte
ich meine Schritte, und nach wenigen Minuten hatte ich
mein Ziel erreicht.

In der bestimmten Erwartung, von einem Konzerte,
ähnlich dem in einer Menagerie vor der Fütterung,
empfangen zu werden, betrat ich den Hof.

Kein Laut regte sich.

Ich ging zu den Käfigen. Still lag der eine Jaguar
in der dunklen Ecke seines Kerkers, wenigstens durfte ich
es vermuten, da mir aus derselben zwei glänzende Augen
entgegenleuchteten.

„Ohne Frage das zahme Tier," dachte ich. Es
fauchte nicht einmal, als ich mit der Hand seinen Käfig
berührte.

Und der andere Jaguar? Ich hatte die Empfindung,
als gösse mir Jemand an einem unserer kalten Winter=
tage daheim ein Glas eisigen Wassers in den Nacken.
Die in dem Gitter des zweiten Käfigs befindliche Thür
stand offen, und die rasende alte Bestie, wie Don
Ramon de Rosario den Jaguar genannt hatte, war ent=
flohen.

Mich hastig umwendend, hatte ich die Säulengallerie
mit einem Blick überschaut. Sie war leer bis auf eine
große Kiste, einen Tisch und eine darüber baumelnde
Hängematte, die bis vor Kurzem von einem wegen zu
großer Liebhaberei für fremdes Eigentum entlassenen
„Peon" (Knecht) als Nachtlager benutzt worden war.
Die Bestie mußte sich demnach in die hinteren Räume
begeben haben.

In einigen Sätzen, die jedem Turner Ehre gemacht

hätten, befand ich mich an der jene vom Hof trennenden offenen Thür und schlug diese zu. — Ah! Das Gefühl der unfreiwilligen kalten Douche verließ mich, obgleich mir doch noch ein gelinder Schauer durch Mark und Bein rann.

Was war nun zu thun? Wenn ich das über das ganze Gebäude reichende flache Dach erkletterte und von dort in meine Wohnung zu gelangen versuchte? Aber konnte es nicht sehr gut denkbar sein, daß das Raubtier ie Treppe hinaufgestiegen war und mir in meinen Gemächern, deren Thüren ich vertrauensselig immer offen ließ, entgegentrat? — Das war also nichts. Vielleicht ließen sich die nach vorn im Hause gelegenen Verkaufs= räume erbrechen; dort lagerten Waffen und Schießbedarf. Aus der Hängematte über dem Tische vermochte ich dann, nachdem ich die Hofthür wieder geöffnet hatte, den viel= leicht zu seinem Stammesgenossen zurückkehrenden Jaguar mit sicherem Schuß zu töten. — Auch das war ein er= folgloses Unternehmen, zu dem es mir vor allen Dingen an Werkzeugen und Geschick eines in seinem Fache tüchtigen Einbrechers oder Schlossers mangelte. — Sollte ich irgend einen meiner Landsleute aufsuchen und mir von ihm Rat und Hilfe in meiner peinlichen Lage er= bitten? — So weit ich mich erinnerte, schliefen Alle in den nach hinten gelegenen Räumen der verschiedenen Häuser, und ein Aufwecken der besonders heute nach der Geburtstagsfeier doppelt fest Schlummernden war mehr als unwahrscheinlich. Ich mußte also auch diesen Plan als unausführbar verwerfen, und so erging es mir gleich= falls mit mehreren anderen, die ich noch ersann.

Stimmen auf der Straße erweckten mich aus meinem Grübeln. Ich sah nach der Uhr. Es fehlten wenige Minuten an der dritten Stunde nach Mitternacht. Die Stimmen rührten also jedenfalls von den Schlächtern her, welche ihre in der Hitze rasch verderbende Ware, die bis zehn Uhr Morgens verkauft sein mußte, widrigenfalls sie von der Polizei beschlagnahmt und den Zamuros, den großen, schwarzen Aaszeiern, als Speise vorgeworfen wurde, auf dem Rücken einer Anzahl Esel zu Markte brachten.

Halt! Die mußten mir helfen. Mit ihnen vermochte ich die entsprungene Bestie vielleicht wieder in ihren Käfig zu treiben. Rasch eilte ich vor das Haus.

„Eh, Caballeros!" rief ich den bereits vorübergezogenen Schlächtern nach, und als sie sich mir neugierig zuwandten, fuhr ich fort: „Ihr könntet mir einen großen Gefallen thun, wenn ihr mir etwas von eurer allerdings kostbaren Zeit opfern wolltet."

Die Leute verneigten sich zustimmend und waren augenscheinlich gespannt, Weiteres von mir zu hören.

In wenigen Worten theilte ich ihnen mit, was sich ereignet hatte. „Ihr seid eurer fünf, und jeder von euch hat einen derben Knittel. Vereint bringen wir in die hinteren Höfe, und —"

„Nicht für vieles Geld," unterbrach mich einer der dunkelfarbigen, barfüßigen Männer, der, wie seine Genossen, ein an der Brust geöffnetes Drillichhemd und Beinkleider von gleichem Stoffe trug, hastig, indem er den breitrandigen Palmenfaserhut verlegen von einer Seite zur anderen rückte. „Nein, Sennor, das ist nichts für

uns. In jeder anderen Weise stehen wir gern zu Eurer
Verfügung."

„Ihr, die ihr ohne Zagen dem wildesten Stiere zu
Leibe geht, fürchtet euch doch nicht etwa?" fragte ich
mit leisem Spott. Als äußerst verwegene Leute galten
die Schlächter in der Stadt; dennoch machten sie also
keine Ausnahme von den Bewohnern der Ortschaften
und Städte Venezuelas, welche eine ungemein heftige
Furcht vor dem pantherartigen Raubtiere ihres Landes
hegen.

„Fürchten? No, Sennor!" erwiderte einer der Leute
gezwungen auflachend. „Aber von dem, was ein Mensch
nicht kennt, soll er die Hand lassen."

Die Männer grüßten höflich und schickten sich an,
ihren Weg fortzusetzen.

„Wartet einen Augenblick und verkauft mir wenigstens
etwas Fleisch", sagte ich ärgerlich.

„Mit vielem Vergnügen!" war die Antwort und
bereitwillig wurde mein Wunsch erfüllt. Für einige
Realen erhielt ich sehr reichlich, vermutlich, um mich für
die abgeschlagene Bitte zu entschädigen.

Mißmutig kehrte ich nach dem Hofe zurück. Dort
fiel mein Blick auf die große Kiste in der Ecke der
Säulengallerie, und ein kühner Gedanke schoß mir
durch den Kopf. Lebhaft gedachte ich der Zeit, wo ich
als Knabe vermittelst einer aus einem Siebe hergestellten
Falle Spatzen gefangen hatte. Konnte ich hier nicht
ähnlich verfahren? Der Versuch mußte wenigstens ge=
macht werden, und nachdem ich das größte Stück Fleisch
zurückgelegt und den Rest dem in seiner Behausung

gebliebenen Jaguar verabreicht hatte, der sich gierig auf die langentbehrte Nahrung stürzte, ging ich mit Eifer an das Werk. Die Kiste, welche zum Glück leer war, kantete ich etwa bis in die Mitte des Hofes und stülpte sie dort über das zurückgelegte Fleisch. Nachdem ich dann ein Stück Holz, an dessen einer Seite ich einen nach längerem Suchen gefundenen Strick befestigte, derartig als Stütze unter die halbaufgerichtete Kiste gestellt hatte, daß die Bestie bequem unter dieselbe schlüpfen konnte, um zu der ihr gewiß gleichfalls willkommenen Speise zu gelangen, war meine Falle fertig. Hurtig öffnete ich jetzt die nach den hinteren Räumen führende Hofthür wieder, worauf ich mich, das Ende des Strickes in der Hand, mit affenartiger Geschwindigkeit in der Hängematte über dem Tische in Sicherheit brachte.

„Wohl! Nun kann das Vieh kommen!" murmelte ich, nicht wenig stolz über meine kühne Idee, und gab meinem Körper eine möglichst behagliche Lage.

Wer schon einmal auf dem Anstand, die Büchse in der Hand und jeden Augenblick zum Schuß bereit, gewesen ist, kennt die durch die gespannteste Aufmerksamkeit hervorgerufene Nervenreizung, welche sich jetzt meiner mehr und mehr bemächtigte. Dazu kam das mir infolge der im Klub genossenen heiteren Stunden doch etwas brummende Haupt. Ich glaubte Geräusche zu hören, die gar nicht vorhanden waren, und meine Augen bezeugten eine bedeutende Empfänglichkeit für allerlei optische Täuschungen. Bald hörte ich den flüchtig gewordenen Jaguar knurren und fauchen, bald sah ich ihn in dem vom Monde nicht beschienenen dunklen Teile der Gallerie dahin schleichen.

So verrann nach meiner Ansicht eine Ewigkeit, ohne daß ich tatsächlich etwas von meinem Jagdobjekt gewahr wurde. Die Gewohnheit dämpfte nach und nach die Erregung in mir, und mehrfach ertappte ich mich dabei, daß ich nahe daran gewesen war, in das Reich der Träume zu versinken. Zuletzt mußte ich wohl der Versuchung unterlegen sein, denn plötzlich schreckte ich ohne eine mir bewußte Ursache heftig auf: doch nun hörte ich unter mir ein leises Geräusch. Vorsichtig blickte ich über den Rand der Hängematte, und da sah ich wirklich den Jaguar. Gähnend, und mir dabei eine Reihe prächtiger Zähne zeigend, rieb er sich die rechte Flanke an einem der Tischbeine, während er nach der Mitte des Hofes schaute.

Die dort aufgestellte Falle schien durchaus keinen vertrauenerweckenden Eindruck auf ihn zu machen, trotzdem er bei seinem scharf ausgeprägten Geruchssinn das als Köder ausgelegte Fleisch wittern mußte. Langsam verließ er seinen Platz, und in einem weiten Bogen schlich er um die Kiste herum. Vor dem Käfige seines Genossen blieb er stehen, und sich stolz emporrichtend, maß er diesen anscheinend mit stolzer Verachtung. Dann wandte er den Kopf wieder nach der Kiste, und — mein Herz begann frohlockend zu schlagen — näherte sich derselben zögernd.

Wie unendlich viele Enttäuschungen werden denjenigen Menschen erspart, welche stets alles mit fischblütiger Ruhe an sich herankommen sehen, und denen

Gefühle der Hoffnung sowie mit derselben verwandte Empfindungen fremd sind. Ich gehöre nicht zu diesen Menschen, und die Folge war, daß mir einige draußen in der Straße vorüberwandernde, laut schwatzende und lachende Weiber einen Fluch auf die Lippen drängten. Der Jaguar war durch die ihn an seine Feinde erinnernden Töne in seinen Absichten gestört worden und vom Hofe verschwunden.

Nachdem ich mich eine Weile durch weiblichen Ärger an meiner Gesundheit geschädigt hatte, stellte sich allmälig bei mir die Ruhe wieder ein, und beschämt gestand ich mir, wie töricht mein Groll im Grunde genommen war. Hatte ich schon einmal während der verschiedenen Jahre, welche ich in den Tropen weilte, bei den unteren Schichten des temperamentvollen, heißblütigen Volkes Weiber gesehen, die, sobald sie bei einander waren, nicht schwatzten, lachten oder sich zankten? Und war es nicht ihr Recht, so gut wie das jedes Anderen, an meinem Hause vorüberzugehen?

Abermals verrann eine lange Zeit. Der Mond war mittlerweile mehr und mehr nach Westen gerückt, und dunkle Schatten hüllten jetzt die Seite der Gallerie ein, wo ich auf der Lauer lag. Vergeblich versuchte ich, den Stand der Zeiger auf meiner Uhr zu erkennen; nach meiner Berechnung konnte der Tag unmöglich fern sein, und durch die mir von den schwatzenden Weibern bereitete Enttäuschung bezüglich meiner Hoffnungen scheuer geworden, war ich bemüht, mich lieber an den Gedanken der für mich allerdings sehr traurigen, aber wahrscheinlichen Aussicht zu gewöhnen, daß meine mit so großer

Zuversicht aufgestellte Kiste keine Gelegenheit haben werde, den ihr zugedachten Zweck zu erfüllen.

Schon begann ich, mich zu fügen, da erschien der Jaguar wieder in der Hofthür, und dieses Mal — stärker als je trieb die Hoffnung in mir ihre schönsten Blüten — steuerte er direkt auf meine Falle zu. — Schneckenhaft langsam kroch er weiter. Wieder und wieder legte er, innehaltend, den breiten Kopf auf die mächtigen Vordertatzen, während sein langer Schweif seine Flanken und den Boden peitschte. Ein dumpfes Röcheln aus dem halbgeöffneten Rachen verkündete mir seinen Hunger, die Gier nach dem Fleische.

Immer mehr näherte er sich der Kiste. Mein Herz pochte hörbar in banger Erwartung. Wie des Tieres Augen das Fleisch, so verschlangen die meinigen das vorwärts kriechende Tier; krampfhaft umspannten meine Finger den Strick in meiner Rechten.

Jetzt — ein Ruck! Polternd fiel die Falle zu. Hurra! Der Jaguar war gefangen!

Mit einem Satze war ich aus der Hängematte. In demselben Augenblicke erhob der Jaguar ein markerschütterndes Geheul, in das der Genosse im Käfig brüderlich einstimmte. Zugleich hüpfte die ihn umschließende hölzerne Hülle förmlich auf dem Hofe umher und drohte jeden Augenblick umzuschlagen.

Ohne Besinnen stürzte ich darauf zu, und in der nächsten Sekunde belasteten meine einhundertundfünfzig Pfund Körpergewicht die Kiste, welche sich nun nicht mehr vom Fleck rührte, obgleich sich die Bestie unter andauerndem Geheul und wütendem Knurren die red=

lichste Mühe gab, die tanzenden Bewegungen derselben fortzusetzen.

Stolz auf meinen Erfolg tronte ich wie ein Sultan mit gekreuzten Beinen auf meinem erhöhten Sitze. Das war noch ein Jagdabenteuer, wie es so leicht keinem Anderen geboten wurde, und in den lebhaftesten Farben malte ich mir die verwunderten und auch wohl neidischen Gesichter meiner Freunde aus, die, wie ich, dem Wilde zu Wasser und zu Lande mit Leidenschaft nachstellten, wenn ich ihnen triumphirend mein Erlebnis erzählte, und durch Zeugen zu beweisen vermochte, daß es nicht in die Rubrik der sogenannten Jagdgeschichten gehörte.

Durch Zeugen? Meine Freude erhielt einen jähen Dämpfer, denn mir fiel ein, daß ich den Schlüssel zu der Tür nach der Straße allein besaß, seitdem der diebische Knecht entlassen war, und in der Tasche hatte; Niemand konnte zu mir herein. Verließ ich meinen Sitz, um aufzuschließen, so benutzte der Gefangene, welcher sein erfolgloses Bemühen einzusehen und sich zu beruhigen begann, jedenfalls die günstige Gelegenheit, um die Kiste umzustürzen, und dann — gebrauchte ich keine Zeugen mehr.

Die Lage, in der ich mich jetzt befand, erschien mir weit unangenehmer, als diejenige, in welcher ich mich bei der Entdeckung der Flucht der unter mir noch immer grimmig knurrenden Bestie befunden hatte, und vergeblich sann ich, mein müdes Hirn zermarternd, in dem sich nun auch die ersten Anzeichen eines beginnenden Katzen= jammers geltend machten, auf einen Ausweg.

Am Himmel schossen jetzt im Osten die den baldigen Aufgang der Sonne verkündenden, feurigen Strahlen empor. Die Sterne erblaßten. Zusehends wurde es heller, und wenige Minuten später war es lichter Tag. Auf den Dachzinnen pfiffen die unseren Drosseln ähnlichen Arendajos und schauten neugierig zu mir herab, und hoch in der Luft flog eine Schaar Zamuros in der Richtung nach dem Marktplatz, wo es für sie in ihrem, ihnen von der Natur überwiesenen Amte als Abdecker häufig schon früh allerlei zu thun gab.

Was thun? Ich sann und sann, ohne einen Ausweg aus dieser Klemme zu finden.

Doch, was war das? Täuschte sich mein Ohr? Ich vernahm das Knarren der nach der Straße führenden Thür. — Wetter! Das Unbehagen der letzten halben Stunde hätte ich mir ersparen können, denn sehr unwahrscheinlich war es nicht, daß ich, als ich von den Schlächtern zurückkehrte, die Thür in meinem Ärger nicht wieder verschlossen hatte.

Und so war es. Mit einem großen Stücke Fleisch unter jedem Arm betrat Don Ramon de Rosario den Hof und ging, ein Liedchen pfeifend, nach den Käfigen.

„Ha, elende Bestie!" rief er erschrocken, als er den einen Käfig leer sah.

Jetzt bemerkte er, sich umwendend, mich, und mit vollständig verständnißlosem Gesichte starrte er mich an.

„Sennor! Der Tiger ist fort! Wo mag er geblieben sein?" stotterte er.

„Ich sitze auf ihm," gab ich gleichmütig zurück und labte mich so recht an der staunenden und überraschten Miene des Planeros.

„Wie ist das möglich gewesen, Sennor?" rief er und

trat ungläubig mit dem Fuße gegen die Kiste. Ein wütendes Geheul unter derselben überzeugte ihn von der Wahrheit meiner Behauptung. — „Caramba, Sennor! Ich will mich ohne Widerrede hängen lassen, wenn ich ahne, wie die Bestie dorthin gekommen ist."

„Ich habe sie gefangen," sagte ich stolz.

„Gefangen?"

„Si, Sennor!" — Kurz erzählte ich ihm alles.

„Ah, bei allen lieben Heiligen, Sennor, in Euch steckt ein Stück von einem Llanero," erwiderte Don Ramon schmunzelnd, als ich meinen Bericht beendet hatte.

Dankend verbeugte ich mich für das Kompliment.

„Nun heißt es aber, den Jaguar wieder in den Käfig schaffen," sagte ich.

Der Llanero kraute sich hinter dem Ohr und schaute abwechselnd von der Kiste nach dem Käfig. „Si, Sennor! Ihr habt Recht; aber —"

„Ich habe eine Idee, deren mögliche Ausführung sich allerdings erst durch die Praxis erweisen muß," unterbrach ich ihn. — Ich bat ihn nun, aus dem hinteren Hofe einige alte eiserne Kessel herbeizuholen, und mit diesen beschwerte ich statt meiner die Kiste; dann stellte ich an den beiden längeren Seiten derselben aus Kesseln und Brettern Wände her und rückte vor eine der kürzeren Wände den leeren Käfig.

„Ha, jetzt verstehe ich, was Ihr beabsichtigt, Sennor," lachte der Llanero; „aber — na! Wenn die Bestie nicht gutwillig geht, zwinge ich sie, so wahr ich Ramon José Maria de Rosario heiße." Er schüttelte seine markigen Arme.

Behutsam hoben wir die Kiste an der Seite, wo der Käfig stand. Voll Wut fuhr der Jaguar mit dem Kopfe hervor; er zog sich jedoch sofort wieder zurück. Beides wiederholte er mehrere Male.

„Seht Ihr, Sennor? Ich dachte es mir," sagte Don Ramon und reckte seine breiten Schultern. „Die Bestie will nicht; aber — Caramba! — sie soll! Die erste ist es nicht, welche mit meinen Fäusten Bekanntschaft macht." Rasch krempelte er sich die Aermel seines Hemdes auf. „Adelante! (Vorwärts!) Hebt allein, Sennor, damit ich die Hände frei behalte." Mit blitzenden Augen beugte er sich über den schmalen Raum zwischen Kiste und Käfig.

Ich kam seinem Wunsche nach.

Kaum fuhr der Jaguar wieder mit dem Kopfe hervor, da hatte ihn der Llanero auch schon fest im Nacken gepackt; gleichzeitig versetzte er der Kiste einen Tritt, daß sie zur Seite fiel, dann faßte er im Nu das flach auf den Boden gedrückte Thier mit der Linken in das Fell dicht am Schwanze, und bevor es sich von seiner Ueberraschung erholte, hatte er es in den Käfig geschleudert, sowie dessen Thür zugeschlagen und verriegelt.

Mit beiden Tatzen, aus denen die großen, spitzen Krallen weit hervortraten, stemmte sich der Jaguar, jetzt seiner abermaligen Gefangenschaft sich bewußt, gegen das Gitter. Seine unheimlich glänzenden Augen schienen Funken zu sprühen, und aus seinem weit geöffneten, blutroten Rachen drang ein derartig grauenerregendes Geheul, daß ich unwillkürlich schaudernd zurückwich.

Don Ramon warf den zweiten Käfig mit einem Ruck

herum und stellte dessen Gitter gegen das des Käfigs mit dem vor maßloser Wut rasenden Tiere. „Nun heult euch gegenseitig an, ihr Bestien, wenn es euch beliebt," sagte er und rieb sich mit der Rückseite der Hand den Schweiß von der Stirn. „Bei den lieben Heiligen, ich bin warm dabei geworden, und" — er lächelte verschmitzt — „falls Ihr mir jetzt einen Schluck Rum anbötet, würde ich Euch nicht durch eine abschlägige Antwort kränken."

„Es wird mir ein ganz besonderes Vergnügen sein, Don Ramon José Maria de Rosario; kommt!" lachte ich, und auf meinem Zimmer kredenzte ich ihm den gewünschten Labetrunk zur Auffrischung seiner Lebensgeister.

Dann wurden die Käfige, nachdem deren Gitter mit Sackleinwand verhängt waren, da der wieder eingesperrte Flüchtling sich noch immer nicht beruhigen wollte, durch die mittlerweile zur Arbeit eingetroffenen Neger auf den vor der Thür haltenden Karren geladen.

„Adelante mula!" rief der Llanero, und das Gefährt setzte sich in Bewegung. „Auf Wiedersehen, Sennor! Nehmt es mir nicht übel, daß Ihr durch meine Veranlassung Eure Nachtruhe einbüßtet; der Henker konnte ahnen, daß der Tiger ausbrechen würde. Caramba! Das ist eine rasende alte Bestie!"

* * *

Leider starb der jüngere Jaguar auf der Reise. Wie mir Kapitän Sch. später mitteilte, hatte die Mannschaft das wie eine Katze zahme Thier frei auf Deck umherlaufen lassen, und bei dieser Gelegenheit verzehrte es die thranige Flosse eines geschossenen Schweinsfisches, welche wahrscheinlich eine Magenstörung bei ihm verursachte, an der es seinen Tod fand. Die „rasende alte Bestie" aber gelangte glücklich nach Deutschland in den Besitz des Herrn F., welcher sie einem zoologischen Garten überlieferte.

Später hatte ich in den Tropen die Freude, mit Hilfe eines Freundes und einer Anzahl für solche Zwecke abgerichteter Hunde einen Jaguar in seinem Raubrevier aufzusuchen und zu erlegen; aufrichtig bekenne ich jedoch, daß, so interessant mir jenes Jagdabenteuer war, ich mich mit fast noch größerem Vergnügen der Jaguarjagd in meinem eigenen Hause erinnere.

Inhalt.

	Seite
Eine Reise auf dem Orinoko. Von der Mündung bis nach Ciudad Bolivar (Angostura)	3
Die Schrecken des Orinoko	41
Ein Jagdabenteuer mit einer Riesenschlange	47
Skizzen aus der Handelswelt	61
Eine Tigerjagd	77
Ballfeste	91
Weihnachtsfeste am Orinoko	103
Eine Jaguarjagd im Hause	111